Hubert Kupper

Farben statt Töne

4 Thesen zur pythagoreischen Gedankenwelt

disserta
Verlag

Kupper, Hubert: Farben statt Töne. 4 Thesen zur pythagoreischen Gedankenwelt,
disserta Verlag, 2011

ISBN: 978-3-942109-84-0
Druck: disserta Verlag, Hamburg, 2011

Bibliografische Information der Deutschen Nationalbibliothek
Die Deutsche Nationalbibliothek verzeichnet diese Publikation in der Deutschen
Nationalbibliografie; detaillierte bibliografische Daten sind im Internet über
http://dnb.d-nb.de abrufbar.

Die digitale Ausgabe (eBook-Ausgabe) dieses Titels trägt die ISBN 978-3-942109-85-7
und kann über den Handel oder den Verlag bezogen werden.

Dieses Werk ist urheberrechtlich geschützt. Die dadurch begründeten Rechte, insbesondere die der Übersetzung, des Nachdrucks, des Vortrags, der Entnahme von Abbildungen und Tabellen, der Funksendung, der Mikroverfilmung oder der Vervielfältigung auf anderen Wegen und der Speicherung in Datenverarbeitungsanlagen, bleiben, auch bei nur auszugsweiser Verwertung, vorbehalten. Eine Vervielfältigung dieses Werkes oder von Teilen dieses Werkes ist auch im Einzelfall nur in den Grenzen der gesetzlichen Bestimmungen des Urheberrechtsgesetzes der Bundesrepublik Deutschland in der jeweils geltenden Fassung zulässig. Sie ist grundsätzlich vergütungspflichtig. Zuwiderhandlungen unterliegen den Strafbestimmungen des Urheberrechtes.

Die Wiedergabe von Gebrauchsnamen, Handelsnamen, Warenbezeichnungen usw. in diesem Werk berechtigt auch ohne besondere Kennzeichnung nicht zu der Annahme, dass solche Namen im Sinne der Warenzeichen- und Markenschutz-Gesetzgebung als frei zu betrachten wären und daher von jedermann benutzt werden dürften.

Die Informationen in diesem Werk wurden mit Sorgfalt erarbeitet. Dennoch können Fehler nicht vollständig ausgeschlossen werden und der Verlag, die Autoren oder Übersetzer übernehmen keine juristische Verantwortung oder irgendeine Haftung für evtl. verbliebene fehlerhafte Angaben und deren Folgen.

© disserta Verlag, ein Imprint der Diplomica Verlag GmbH
http://www.disserta-verlag.de, Hamburg 2011
Hergestellt in Deutschland

Inhalt

Zum Geleit   9

Einleitung   11
Die Begegnung mit Originaltexten altgriechischer Philosophen, Natur- und Musikwissenschaftler führt zu kritischem Überdenken gängiger Aussagen. Diese betreffen die Definition der drei Tongeschlechter in der griechischen Musik, nämlich des diatonischen, des enharmonischen und des chromatischen Geschlechts, dann den Vergleich des chromatischen Tongeschlechts mit unserer chromatischen Tonleiter, ferner die Ableitung des Begriffes "Chromatik" und schließlich den Harmoniebegriff bei den Pythagoreern.

Hauptteil
Teil I: Die Mittelwerte des Archytas   17
Die drei Tongeschlechter der altgriechischen Musik, die Diatonik, die Enharmonik und die Chromatik, unterscheiden sich durch unterschiedliche Anordnung der Töne innerhalb des Tetrachords. Ihre Qualität und ihr Ethos wurden im Laufe der Jahrhunderte immer wieder anders gesehen und bewertet, und so hat jedes dieser Tongeschlechter eine andere Blütezeit.

Während Diatonik und Enharmonik für sich sprechende Namen haben, liegt der Ursprung des Begriffes "Chromatik" im Dunkeln, und so war er bereits den alten Musikforschern von Aristoxenos bis Boetius Gegenstand von Vermutungen.

Hilfe bei der Aufklärung erhalten wir durch die genaue Betrachtung von Archytas' Aussagen zu den Mittelwerten in der Musik.

Teil II: Die Chromatik   27
Wir sind uns darüber im Klaren, dass wir im vorigen Kapitel in den Berechnungen sehr großzügig vorgegangen sind, indem wir den Griechen die Kenntnis von Dezimalzahlen, und insbesondere von Irrationalzahlen zugestanden haben. So einfach ist das nicht. Für die Pythagoreer waren die Irrationalzahlen, wie sie uns z. B. bei der Wurzelberechnung entgegentreten, zunächst einmal unbekannt oder zumindest sehr suspekt – wie man häufig zu hören bekommt.

Wir wollen diese Sicht differenzieren und schlussfolgernd eine weitere These zur altgriechischen Musiktheorie formulieren.

Teil III: Der Regenbogen und die Musik 43
Seitdem die mathematische Beschreibung der Harmonie und deren Wesen durch die Pythagoreer in der Musik gesehen wurde, war man bestrebt, das entsprechende Modell auf die Farbenwelt zu übertragen und eine Farbenharmonie zu finden. Hierbei aber erkannte man stets die kontinuierlichen Übergänge im Farbspektrum (im Gegensatz zu den disjunkten Elementen der Musik), und so hielt man letztlich vergebens Ausschau nach einer Farbenharmonie, die der musikalischen ähnlich sein sollte: von Platon, Aristoteles über Ptolemäus bis hin zu Kepler, Newton, Goethe und Unger im 19. Jh. Man sah zwar immer das Kontinuum auch im Reich der Töne; dies durfte aber keine Relevanz haben, weil damit das Pythagoreische Paradigma – "Ganze Zahlen oder Verhältnisse ganzer Zahlen bilden die Welt" – keine Gültigkeit mehr gehabt hätte.

Bereits zu Zeiten Platos und Aristoteles' befasste man sich theoretisch mit der Natur des Lichtes und kam zu zwei unterschiedlichen Annahmen, die später von Huygens und Newton wieder aufgegriffen wurden, und die wir heute unter dem Begriff "Dualismus des Lichtes" kennen. Um so verwunderlicher ist bei diesem Forschertrieb, dass fast alle Theoretiker der Farbenlehre immer wieder auf das musikalische Modell zurückgriffen.

Der Ansatzpunkt für eine revidierte Sicht der Dinge ist der Regenbogen, der immer wieder als Totalität aller Farben und damit als eine Konkretisierung des Lichts angesehen wurde.

Teil IV: Der Harmoniegedanke 53
Als Kronzeuge für alle Theorien zur Harmonie in der Musik wird der Pythagoreer Philolaos zitiert. Seine Schrift wurde bereits von Boetius musiktheoretisch interpretiert und entsprechend in das Mittelalter und die Neuzeit hinein tradiert. Die deutschen Übersetzungen von Böckh und Diels haben ebenfalls die Interpretation einer musikalischen Harmonie aufgegriffen.

Eine kritische Sicht des originalen Philolaos-Textes zeigt seine etwas leichtfertige Behandlung in den Adaptionen und Übersetzungen. Sie belegt zusammen mit Zeugnissen des Archytas, dass der Harmoniebegriff des Philolaos sich nicht auf die Musik beziehen kann.

Eine bereinigte Übersetzung seines Textes erlaubt zunächst aber noch keine tiefere Erkenntnis. Diese erhalten wir erst nach einem Ausflug in die Mythologie, durch den wir die Auffassung der Griechen über Entstehung und Wesen des Lichtes und des Regenbogens kennen lernen.

Teil V: Platon als Zeuge der Thesen   **71**
Wir befassen uns eingehend mit Platons „Erschaffung der Weltenseele" im Dialog *Timaios*. Nach einem Vergleich der dort geäußerten Gedanken mit Philolaos' Ontologie und Erkenntnistheorie sind weitere Zweifel an der Berechtigung einer musikalischen Interpretation aller betrachteten Texte geweckt.

Schluss   **81**
Die Begriffe συλλαβά , δι' ὀξειᾶν und τὸ διὰ πασᾶν sind Dreh- und Angelpunkt der unterschiedlichen Übersetzungen und Interpretationen des Harmoniebegriffs. Nach Nikomachos und anderen haben die "Älteren" diese an sich seltsamen Namen im musiktheoretischen Sinne verwendet. Es lohnt eine Untersuchung entsprechender Literaturstellen.

Als Quellen bieten sich u. a. die Schriften von Hippokrates und die so genannten Aristotelischen *Problemata Physica* an. Auch diese zeigen wieder, dass hier ganz andere Intentionen, als allgemein angenommen, dahinter stehen bzw. dass sie aus der Entstehungsgeschichte heraus nicht als Argumente gegen unsere Thesen eingesetzt werden können.

1. **Hippokrates**   **81**
2. **Problemata Physica**   **83**
3. **Der Begriff** συλλαβά   **84**

Zeittafel   **87**

Literaturverzeichnis   **89**

Zum Geleit

Die Verbindung von Musikhören und Farbenhören ist offensichtlich ein Phänomen, das schon bei den Griechen immer wieder Grund zu Überlegungen und Reflexionen gegeben hat. In der Neuzeit hat das Problem der „Audition colorée" vor allem seit den Untersuchungen von Georg Anschütz und seinem Kreis in den Jahren 1927 bis 1936 einen neuen Stellenwert erhalten. Dabei haben sich die Untersuchungen vor allem auf das Gebiet der Psychologie ausgeweitet. Noch nie ist bisher aber der Versuch gemacht worden, die originalen griechischen Texte einmal näher zu untersuchen und auf ihren inhaltlichen Gehalt zu hinterfragen. Dieser Aufgabe hat sich in der vorliegenden Schrift Hubert Kupper dankenswerterweise angenommen. Dabei hat er festgestellt, dass den Ausführungen zum Hören von Farben offensichtlich ganz klare mathematische Strukturen zugrunde liegen. Diese offenzulegen und auf diese Weise auch aus dem eher spekulativen Bereich dieser Thematik herauszugelangen ist das Ziel dieser Untersuchung.

Mich, der diese mathematischen Überlegungen nur als Laie verfolgen kann, haben die Argumentationen des Autors überzeugen können. Ich hoffe sehr, dass auch die Fachkollegen von Herrn Kupper ihre Zustimmung nicht verweigern können. In diesem Sinne wünsche ich der Schrift einen guten Weg in die Öffentlichkeit und dem Verfasser eine möglichst zustimmende Resonanz. Es ist immer erfreulich, wenn neue Wege der Forschung gefunden und eingeschlagen werden. Sie sind um so mehr zu begrüßen und um so wichtiger, je mehr sie reale und nachvollziehbare Ergebnisse als Endziele dieser Wege erreichen.

Christoph-Hellmut Mahling

Einleitung

Die ersten Anfänge für die Veröffentlichung meiner Thesen liegen einige Jahre zurück. Als sowohl Mathematik- wie auch als Musikinteressierter suchte ich ab 1963 nach Quellen mathematisch begründeter Musikwissenschaft, um mit dem Computer Musik nachvollziehen zu können. Dabei stieß ich auf die Texte des Philolaos in Hermann Diels' *Die Fragmente der Vorsokratiker* [31], die in einem Rowohlt-Bändchen veröffentlicht worden waren, und war sofort gefangen – und geblendet – von der Möglichkeit einer mathematischen Definition der musikalischen Harmonie, des Oktavenaufbaus, der Quinte und Quarte und hatte nun ein tieferes Verständnis von „Pythagoreischer Stimmung" und „Pythagoreischem Komma":

Pythagoras, das mathematische Genie, auch als Forscher musikalischer Gesetzmäßigkeiten anerkennen zu können – wahrlich ein beglückender Gedanke für einen musikinteressierten Mathematiker – oder mathematikinteressierten Musiker!

Lange stand ich hinter den Diels-Übersetzungen, akzeptierte sie kritiklos, zumal sie von großen Wissenschaftlern anerkannt waren, zitiert und tradiert wurden, zum Beispiel von dem bekannten Algebraiker van der Waerden oder dem Physik-Nobelpreisträger Schrödinger.

Erst ab dem Jahre 1994, als ich Vorlesungen und Seminare zur Systematischen Musikwissenschaft am Musikwissenschaftlichen Institut der Universität Mainz übernahm, befasste ich mich näher mit dem Text von Philolaos und anderen Pythagoreern und war unversehens über Platon und Aristoteles bei Ptolemäus und Boetius gelandet. Dabei versuchte ich, die griechischen und lateinischen Urtexte zu verstehen und holte dazu das einst erlernte Altgriechisch und Latein hervor.

Dabei stieß ich nicht selten auf Übersetzungen, die nicht korrekt waren und einen musiktheoretischen Aspekt in die Texte brachten, der nicht vorhanden war, und deshalb in einem bestimmten Sinne interpretierend, ja manipulierend genannt werden müssen.

Es sei hier die Verwendung des Begriffes der Harmonie beispielhaft aufgeführt.

In Aristoteles' *Metaphysik* steht [11]:

ἔτι δὲ τῶν ἁρμονιῶν ἐν ἀριθμοῖς ὁρῶντες τὰ πάθη καὶ τοὺς λόγους.

C.- F. Geyer übersetzt:

> „ ... Und da sie ferner die Eigenschaften und Verhältnisse der Töne der Musik in den Zahlen sahen ... " [38].

H. Bonitz übersetzt:

> „ ... und sie ferner die Bestimmungen und Verhältnisse der Harmonien in Zahlen fanden ... " [10],

was dem Original näherkommt.

Nach meiner Übersetzung heißt es schließlich:

> „ ... Und da sie ferner die Empfindungen und die Definition der Harmonien in den Zahlen sahen ... "

Zu der gleichen Stelle gibt Weber [89] sogar die Erklärung:

> „Die Unterteilung einer Saite im Verhältnis kleiner ganzer Zahlen – z. B. ½, 2/3, ¾) – bringt musikalische Intervalle hervor ...„

Ein anderes Beispiel folgt ein paar Sätze weiter in *Metaphysik* [11]:

> ... καὶ τον ὅλον οὑρανον ἁρμονίαν ἐιναι καὶ ἀριθμόν ...

Geyer übersetzt hier:

> „ ... und der ganze Himmel sei Zahlverhältnis und Zahl ... " [38].

Richtig heißt es:

> „ ... und der ganze Himmel sei Harmonie und Zahl ... " (auch so von Bonitz übersetzt [10]).

Zu der gleichen Stelle gibt Weber den Kommentar [89]: „nach Aristoteles lehrten die Pythagoreer eine mit der Bewegung der Planeten verbundene Sphärenmusik ...„

Das stimmt, wir finden diese Aussagen Aristoteles' in *De Caelo* [8]; aber den Sachverhalt an dieser Stelle zu bringen, ist meines Erachtens nicht legitim, weil es den Leser in eine bestimmte musiktheoretische Richtung drängt!

Weitere Beispiele werden im Hauptteil dieser Schrift folgen.

Solche Funde verstärkten immer mehr meine Auffassung: Alles, was bisher über die pythagoreische Musiktheorie gesagt wurde, kann richtig sein – alles kann aber auch ganz anders sein!

Bisher steht die musikalische Harmonie im Zentrum der Interpretation; sie wird als fest und unumstößlich vertreten, und das über Jahrhunderte. Sie ist das Modell einer Weltenharmonie, sie sollte als Pate einer Farbenharmonie stehen bis hin zu Descartes, Newton und Goethe: Noch im 19. Jh. wird durch die Zuordnung von Tönen zu Farben eine Theorie der Farbenharmonie formuliert.

Ich sehe das Verhältnis von Tönen und Farben gänzlich anders! – In vier Thesen habe ich meine Erkenntnisse formuliert: die erste zu den Mittelwerten in der Musik bei Archytas, die zweite zur Chromatik bei den Griechen, die dritte zum Verhältnis der Musik zum Regenbogen und schließlich die vierte zum Harmoniemodell bei Philolaos.

Der Begriff „These" ist hierbei im Sinne des Simmias verwendet (*Phaidon*); er sagt:

„Diese These kam zu mir ohne Beweis, mit einer gewissen Wahrscheinlichkeit und in schöner Form, ein Grund, der auch für die Vielen entscheidend ist..." (Friedländer verwendet diesen Begriff in seinem Kommentar zu dieser Stelle [35]).

In einer anderen Übersetzung (Apelt [67]) geht es um *„Rede"*, Rufener übersetzt *„Meinung"* [70], Gigon einmal *„Meinung"* und einmal *„Rede"* [68] und Schleiermacher wiederum *„Rede"* [71]. Alle diese Übersetzungen treffen das, was ich mit *"These"* sagen will.

Es heißt dann allerdings im *Phaidon* weiter: *„... Ich aber weiß, dass Thesen, die durch die Demonstration ihrer Wahrscheinlichkeit entstanden, trügerisch sind und, wenn einer sie nicht ordentlich bewacht, sehr wohl täuschen können, sowohl in der Geometrie wie in allem anderen ..."*

Nun, ich denke, meine Thesen *„ordentlich bewacht zu haben"* und mit vielen Indizien einer *„wahren Darstellung"* angenähert zu haben.

Meinen Untersuchungen habe ich folgende Autoren und Werke zu Grunde gelegt:

Als wichtigste

– H. Diels' *Fragmente der Vorsokratiker* in 3 Bänden. Hier findet man alle Quellen der entsprechenden Autoren und Zitate, d. h. die griechischen Texte und deren Überlieferer in Antike und neuerer Zeit. Zu vielen Texten sind Übersetzungen angegeben [30];

– August Böckh's Untersuchung zum *Pythagoreer Philolaos* [24];

– Claudius Ptolomaios. Er wurde in erster Linie als Astronom (Ptolemäisches Weltbild!), als Mathematiker und Geograph bekannt. Daneben aber schrieb er auch über *Optik* und *Harmonik*, in der er in ausführlicher Weise die griechische Musiktheorie darstellt [77] und [78];

– Porphyrios von Tyros; ein griechischer Philosoph. Durch seinen Kommentar zur *Harmonik* des Ptolemaios hat er einen gewissen Einfluss auf Boetius genommen. Sein Kommentar zu Aristoteles fand im Mittelalter große Beachtung;

– Anicius Manlius Severinus Boetius, römischer Philosoph, Schriftsteller und Staatsmann; als solcher an leitender Stelle am Hofe Theoderichs, der ihn später hinrichten ließ. Er setzte sich mit platonischer und aristotelischer Metaphysik und Theologie auseinander und schrieb darüber das bekannte *Trostbuch der Philosophie*. Seine Übersetzung der Schriften des Aristoteles und Porphyrios waren für das frühe Mittelalter die Hauptquelle der Kenntnis der griechischen Philosophie. Aus seiner Beschäftigung mit den alten Theoretikern heraus verfasste er Werke über Arithmetik und Musik, nämlich die *Fünf Bücher über die Musik* [25];

– Platon, den Leiter der Akademie, vor allem mit seinem Dialog *Timaios* [76], einer nach wie vor mit vielen Rätseln gespickten Geschichte der Weltentstehung;

– Aristoteles mit vielen seiner Werke, vor allem der *Metaphysik* [11];

– Aristoxenos, Schüler des Aristoteles. In exakter Methodik lieferte er einen grundlegenden Beitrag zur Musiktheorie mit *Elemente der Harmonik*, bruchstückhaft *Elemente der Rhythmik*. Zu erwähnen sind auch *Die vermischten Tischgespräche (mit Aristoxenos)* nach Plutarch [19].

Daneben wurden zu Rate gezogen

– Diogenes Laertius, ein griechischer Philosoph; sein *Leben und Lehre der Philosophen* ist die einzig erhaltene Geschichte der Philosophie der Antike, gewürzt mit vielen Anekdoten [32];

– Jamblichos, Schüler des Porphyrios, er begründete eine bestimmte Richtung des Neuplatonismus.

– und andere, die natürlich im Literaturverzeichnis angegeben sind.

Um dem interessierten Leser das Nachschlagen in weiteren Schriften zu ersparen, habe ich bei einigen ausgewählten Stellen den griechischen Text eingefügt. Dazu benutzte ich die Schriftart *SPIonic*, die ich im Internet gefunden habe [92].

Für die mathematischen Texte setzte ich *MathType4* [91] ein; das Institut für Musikinformatik an der Johannes Gutenberg-Universität zu Mainz unter Herrn Dr. A. Gräf stellte mir dankenswerter Weise ein Exemplar zur Verfügung.

Und nun wünsche ich beim Lesen viel Spaß!

Hauptteil

Teil I: Die Mittelwerte des Archytas

Wir kennen die Definition der Tongeschlechter (Gene) von den antiken Musiktheoretikern Aristoxenos, Ptolemaios und Boetius her. Unser Ziel in diesem Kapitel ist es, die entsprechenden Aussagen eines Pythagoreers der ersten Zeit zu evaluieren. Damit werden die Tongeschlechter auf eine klare Einfachheit, wie sie bei den rational denkenden Mathematikoi definiert wurden, zurückgeführt.

Die Tongeschlechter sind nicht mit den Oktavgattungen (dorisch, phrygisch etc.) zu verwechseln; wir können nicht akzeptieren, was im großen Musikführer von A. Baumgartner zur Erklärung von Diatonisch, Chromatisch und Enharmonisch steht: „ ... *Die drei vorgenannten Geschlechter (auch dorisch, phrygisch und lydisch genannt) ...* " [22].

Sie unterscheiden sich in der Aufteilung des Tetrachords, der absteigenden Quart. Diese Aufteilung gibt Ptolemaios wie folgt vor [78]:

Diatonisch			Chromatisch			Enharmonisch		
$\frac{9}{8}$	1,13	1	$\frac{32}{27}$	1,19	$1\frac{1}{2}$	$\frac{5}{4}$	1,25	2
$\frac{8}{7}$	1,14	1	$\frac{243}{224}$	1,09	$\frac{1}{2}$	$\frac{36}{35}$	1,03	$\frac{1}{4}$
$\frac{28}{27}$	1,04	$\frac{1}{2}$	$\frac{28}{27}$	1,04	$\frac{1}{2}$	$\frac{28}{27}$	1,04	$\frac{1}{4}$

Die originalen Angaben sind natürlich die Brüche in der jeweils ersten Spalte; zum einfacheren mathematischen Vergleich sind diese Werte in der zweiten Spalte in einer uns geläufigeren Art dargestellt. Schließlich stehen in der letzten Spalte die entsprechenden Tonschritte, die uns eher ein musikalisches Verständnis der Tongeschlechter vermitteln sollen.

Es war nun nicht so, dass diese Einteilung unumstößlich war, Aristoxenos z. B. zitiert sie anders und zu allem Überfluss gibt es im Laufe der antiken Musikgeschichte noch unterschiedliche chromatische Tongeschlechter, das Malakon, das Hemiolion und das Toniaion. Ja, wir können nicht einmal von einer sauberen Definition der Tongeschlechter sprechen; die Grenzen verschwimmen für uns. Aristoxenos sagt:

ἰδίαν γὰρ δὴ κίνησιν ἕκαστον τῶν γενῶν κινεῖται πρὸς τὴν αἴσθησιν οὐ μιᾷ χρώμενον τετραχόρδου διαιρέσει ἀλλὰ πολλαῖς· ὥστ' εἶναι φανερόν, ὅτι κινουμένων τῶν μεγεθῶν συμβαίνει - ταὐτὸν εἶναι - τὸ γένος, οὐ γὰρ ὁμοίως κινεῖται τῶν μεγεθῶν κινουμένων μέχρι τινός, ἀλλὰ διαμένει ...

> *„Unserer sinnlichen Wahrnehmung gemäß kann nämlich jedes Tongeschlecht die ihm eigenen Töne erhöhen oder vertiefen, ohne den ihm eigentümlichen Charakter einzubüßen; es bedient sich nicht einer Teilung des Tetrachords, sondern vieler, so dass es klar ist, dass das Tongeschlecht trotz der Änderung seiner Intervalle dasselbe Tongeschlecht bleibt; denn dadurch, dass die Umfänge sich ändern, wird es kein anderes, sondern besteht als Tongeschlecht fort. ..."* [19]

Diese Aussage ist fast die Bankrotterklärung eines Musiktheoretikers; sie erlaubt letzten Endes eine unverbindliche, beliebige Definition und Regel!

Zum Alter der Tongeschlechter sagt er:

> *„Als das erste und älteste ist das diatonische Melos hinzustellen, denn dieses ist es, auf welches die menschliche Natur zuerst verfällt."*

Als Ergänzung ein Zitat von Theon von Smyrna:

> *„Es heißt diese Art Melos „diatonisch", entweder weil sie am meisten durch Ganz-Töne schreitet, oder weil sie einen würdigen, kräftigen und wohlklingenden Charakter hat."*

Weiter heißt es bei Aristoxenos:

> *„Das zweite ist das chromatische Melos."*

Theon sagt zur Chromatik:

> *„Es wird dasselbe chromatisch, d. i. farbig genannt, weil es sich von dem vorigen dadurch unterscheidet, dass es einen mehr klagenden und leidenschaftlichen Charakter hat."*

Später Aristoxenos:

> *„Das dritte und jüngste ist das enharmonische Melos, denn an dieses gewöhnt sich die sinnliche Wahrnehmung erst zuletzt und zwar mit Mühe und vieler Anstrengung."*

Und wieder der Kommentar von Theon:

> *„Harmonie wird es genannt, weil es das vorzüglichste ist, so dass es diese allgemeine Bezeichnung nach dem ganzen Hermosmenon führt. Es ist dasjenige, welches am schwierigsten für die Melodie verwendbar ist und*

zur Künstlichkeit hinneigt und vieler Mühen bedarf, weshalb es auch in der Praxis nicht leicht vorkommt."

„Als das erste und älteste ist das diatonische Melos hinzustellen, denn dieses ist es, auf welches die menschliche Natur zuerst verfällt."

Alle Zitate aus [20].

Bei Plutarch sagt Aristoxenos:

τὸ δὲ χρῶμα ὅτι πρεσβύτερον ἐστι τῆς ἁρμονίας, σαφές. δεῖ γὰρ δηλονότι κατὰ τὴν τῆς ἀνθρωπίνης φύσεως ἔντευξιν καὶ χρῆσιν τὸ πρεσβύτερον λέγειν· κατὰ γὰρ αὐτὴν τὴν τῶν γενῶν φύσιν οὐκ ἔστιν ἕτερον ἑτέρου πρεσβύτερον.

„Dass aber das Chroma älter ist als die Enharmonik, steht fest; freilich muss man den Ausdruck „älter" im Hinblick auf die Beanlagung der menschlichen Stimme und auf die Anwendung gebrauchen; denn was das Wesen der Tongeschlechter an sich betrifft, so ist keines älter als das andere." [20].

Ein anderes Mal heißt es bei Plutarch in *Aristoxenos' Tischreden*:

„ Obwohl es drei Tongeschlechter gibt ... so haben dennoch die Alten in ihren Schriften bloß ein einziges Tongeschlecht behandelt. Meine Vorgänger haben nämlich weder das chromatische noch das diatonische, sondern bloß das enharmonische ... berücksichtigt." [20] .

Und Boetius meint:

„ ... das enharmonische, das jüngste von allen." [25]

Aus alledem ist zu schließen, dass zuerst das diatonische Tongeschlecht, später das chromatische und als das letzte das enharmonische Genos Eingang in die griechische Musikwelt gefunden hat. Die theoretische Behandlung war auf das enharmonische Tongeschlecht beschränkt.

Der Diatonik wurden die Eigenschaften ἀνδρικον = *tapfer* und αὐστερον = *streng* zugesprochen. Später wurde sie mehr und mehr von den Künstlern ihrer Einfachheit wegen gemieden und galt als bäurisch.

Das chromatische Tongeschlecht spielte ursprünglich eine untergeordnete Rolle; es war im Wesentlichen auf Saiteninstrumente beschränkt und wurde später zum Tummelplatz von Virtuosen. Aristides Quintilianus sagt [5], dass es „nur Berufsmusikern zugänglich" ist. In nachklassischer Zeit erfolgt eine verstärkte

Zuwendung zur Chromatik, was seinen Grund in der Weichlichkeit hat, die schon von antiken Beobachtern erkannt wurde.

In den ersten nachchristlichen Jahrhunderten hatte die Chromatik die unbedingte Herrschaft in der Theatermusik und erregte durch ihre Weichlichkeit. Durch eben ihre immanente Weichlichkeit war sie der christlichen Kirche ein starkes Ärgernis. Der heilige Ambrosius bekämpfte sie mit großem Eifer.

Das enharmonische Tongeschlecht gehörte der Aulos-Musik an, die im Zusammenhang mit der Invasion kleinasiatischer Flötenmusik um das Ende des achten Jahrhunderts steht. Der Aulos konnte die kleinen Intervalle besser zum Ausdruck bringen.

Die Enharmonik stand ursprünglich in hohen Ehren. Philodem spricht von *„schöner"* und *„bewundernswerter"* Musik. Theon von Smyrna nennt sie die *„beste und vollkommenste"*, Vitruv *„heilsam"*.

Die Überlieferung von Musikstücken der einzelnen Gene ist recht spärlich, vergl. CD [21]:

Diatonik – Zu nennen ist das Seikilos-Skolion, eingemeißelt auf einer Grabstele. Es wird dem 1. Jh. n. Chr. zugeordnet.

Chromatik – Erster Delphischer Hymnus auf Apollon, eingemeißelt in einer Außenmauer des athenischen Schatzhauses in Delphi, aus Fragmenten rekonstruiert. Im mittleren Teil Hyperphrygisch mit einem chromatischen Tetrachord. 138 v. Chr.

Zur Schilderung des bunten Gewoges der zum Opfer versammelten Festgemeinde in dieser Überlieferung sagt Abert:

„Flöte und Kithara ertönen und Rauchwolken wallen von den Altären zum Himmel ... vor allem malt die in buntem Farbenglanze schillernde chromatische Melodie ... die bewegte Feststimmung ... der versammelten Gemeinde." [1]

Enharmonik – Ein leider stark verstümmeltes Bruchstück ist das einzige uns bekannte Denkmal des enharmonischen Tongeschlechts. Es stammt von Euripides. Der Dichter war gleichzeitig der Tonsetzer seiner Verse.

Wenden wir uns nun der ethymologischen Deutung der Begriffe zu, die hinter den drei Tongeschlechtern stehen. Die wörtliche Übersetzung von Diatonik, *„durch die Töne hindurch"* und von Enharmonik, *„innerhalb der Harmonie"*, ist zwar halbwegs verständlich, bringt aber keine Unterscheidbarkeit der

Geschlechter, denn diese Eigenschaften sind nicht auf die Träger dieser Begriffe beschränkt, sondern kommen allen drei Tongeschlechtern zu.

Ganz verschwommen allerdings wird es, wenn wir nach dem Ursprung des Begriffes „Chromatik" fragen. Was hat hier die Musik mit Farbe (= Χρῶμα) zu tun?

Wir versuchen eine Antwort auf diese Frage zu finden, indem wir uns auf die Suche nach dem Auftreten des Begriffes begeben; sie führt uns von Boetius zurück über Ptolemaios bis hin zu Aristoxenos.

Boetius schreibt zur Charakterisierung der Tongeschlechter:

„ ... *wollen wir über die Klanggeschlechter sprechen. Es sind folgende drei: das diatonische, chromatische, enharmonische.*

Das diatonische ist um etwas härter und natürlicher, als die übrigen. Das chromatische weicht von jener gleichsam natürlichen Tonfolge ab und verfällt in eine weichere. Das enharmonische ist schön und geschmackvoll verbunden. ... schreitet ... gemäß dem diatonischen Geschlecht die Singstimme durch Halbton und zwei Ganztöne fort. ... Daher wird das Geschlecht diatonisch genannt, weil es gleichsam von Ton zu Ton fortschreitet.

Das chromatische Geschlecht, welches von Farbe (χρῶμα) hergeleitet wird, ... wird in der Fortschreitung von 2 Halbtönen und drei Halbtönen gesungen. ... Dieses Wort, also Chroma, ist von Oberflächen hergeleitet, welche, wenn sie verändert werden, in eine andere Farbe übergehen.

Das enharmonische ist noch mehr zusammengesetzt und wird ... durch zwei Diesen und Ditonus (Anm.: ein Doppelton) gesungen. Diesis ist die Hälfte eines Halbtones. ..." [25]

Bei Aristides heißt es dazu:

γένη δὲ μελῳδίας τρία, ἁρμονία, χρῶμα, διάτονον.
Ἁρμονία μὲν οὖν καλεῖται τὸ τοῖς σμικροτάτοις πλεονάταν διαστήμασιν ἀπὸ τοῦ συνηρμόσθαι, διάτονον δὲ τὸ τοῖς τόνοις πλεονάζον, ἐπειδὴ σφοδρότερον ἡ φωνὴ κατ᾽ αὐτὸ διατείνεται, χρῶμα δὲ τὸ δι᾽ ἡμιτονίων συντεινόμενον· ὡς γὰρ τὸ μεταξὺ λευκοῦ καὶ μέλανος χρῶμα καλεῖται, οὕτω καὶ τὸ διὰ Μέσων ἀμφοῖν θεωρούμενον χρῶμα προσείρηται ...

„... *Geschlechter des melodischen Gesangs gibt es drei, Enharmonik, Chromatik und Diatonik.*

Enharmonik also heißt das überwiegend aus den kleinsten Intervallen bestehende wegen des Zusammengefügtseins, Diatonik das überwiegend aus Ganztönen bestehende, weil die Stimme, der Klang, sich bei ihm verhältnismäßig stark ausstreckt, anspannt, Chromatik das geschlossen durch Halbtöne sich steigernde; wie nämlich das Mittelgebiet zwischen Weiß und Schwarz Färbung heißt, so ist auch das in der Mitte zwischen beiden erkannte (Geschlecht) Chromatik zubenannt worden." [5]

Man muss sich fragen, wieso die Chromatik zwischen den anderen liegen soll?

Weitergehende Erklärungen zu dem Begriff „chromatisch" finden wir bei Ptolemaios und Porphyrios nicht.

Theon von Smyrna äußert sich zu den Geschlechtern wie folgt [20]:

> ... καλεῖται δὲ τὸ τοιοῦτου γένος τῆς μελωδίας διάτονον, ἤτοι ὅτι διὰ τῶν τόνων τὸ πλεῖστον διοδεύει ἢ ὅτι σεμνόν τι καὶ ἐρρωμένον καὶ εὔτονον ἦθος ἐπαφαίνευ...

> ... καλεῖται δὲ πάλιν τὸ γένος τῆς ταιαύτης μελωδίας χρωματικὸν διὰ τὸ παρατετράφθαι καὶ ἐξηλλάχθαι τοῦ πρόσθεν γοερώτερον τε καὶ παθητικώτερον ἦθος ἐμφαίνειν.

> ... λέγεται δέ τι καὶ τρίτον γένος μελωδίας ἐναρμόνιον, ἐπειδὰν ἀπὸ τοῦ βαρυτάτου φθόγγου κατὰ δίεσιν καὶ δίεσιν καὶ δίτονον ἡ φονὴ προελθοῦσα μελωδήσῃ τὸ τετράχορδον ...

Er gibt immerhin eine Begründung: „ ... *wegen der Farbigkeit*"; sie wird also von dem buntschillernden Charakter hergeleitet, den die kleinen Halbtonschritte der Chromatik verleihen sollen. Gut; die Frage stellt sich nur, inwiefern eine optische Akzidenz zu einer akustischen wird.

Aristoxenos gibt wieder keine Erklärung für den Begriff „Chromatik".

Aristoteles erläutert in den *Topica* den Begriff des Homonyms an Weiß und Schwarz für Stimme und für Farbe:

> *„Bei vielen Dingen aber tritt im Wort keine Abweichung hervor, wohl aber zeigt sich bei ihnen sofort ein Unterschied in der Bedeutung ... Man spricht von einer weißen und schwarzen (klaren und unklaren) Stimme und ebenso von der Farbe ... Demnach ist weiß homonym und schwarz desgleichen."* [18]

Heißt das also, dass das Wort „*Farbe*" als Homonym aufgefasst werden kann für die Beschreibung von etwas, was sowohl mit den Augen, wie auch von den Ohren aufgenommen werden kann?

Platon, der sich ausführlich über den Ethos der Harmoniai ausgelassen hat (*Politeia* und *Nomoi*), spricht zu keiner Zeit von den Tongeschlechtern. Er bringt uns der Beantwortung der Frage nicht näher.

Hiermit endet unsere Suche nach dem Ursprung des Begriffes „Chromatik" in der Musik; bei Aristoxenos ist Ende!

Nun wird bei Boetius, bei Ptolemaios u. a. auch der Pythagoreer Archytas, ein Zeitgenosse Platons, als Mathematiker und Musikwissenschaftler, der die drei Tongeschlechter beschrieben habe, zitiert. Verwunderlich dabei aber ist, dass erstens Aristoxenos ihn keiner Erwähnung für würdig hält, zweitens in den Fragmenten des Archytas nichts von diesen drei Tongeschlechtern überliefert ist, obwohl er einiges zur Musiktheorie, insbesondere zur Akustik und den Mittelwerten in der Musik geschrieben hat.

Archytas wird zur pythagoreischen Elite gezählt. Wir wollen die in Frage kommenden Texte einmal unter die Lupe nehmen.

Der uns interessierende Text lautet bei Diels [30]:

μέσαι δέ ἐντι τρῖς τᾶι μουσικᾶι, μία μὲν ἀριθμητικά, δευτέρα δὲ ἁ γεωμετρικά, τρίτα δ' ὑπεναντία, ἃν καλέοντι ἁρμονικάν. ἀριθμητικὰ μέν, ὅκκα ἔωντι τρεῖς ὅροι κατὰ τὰν τοίαν ὑπεροχὰν ἀνὰ λόγον· ὧι πρᾶτος δευτέρου ὑπερέχει, τούτωι δεύτερος τρίτου ὑπερέχει. καὶ ἐν ταύται τᾶι ἀναλογίαι συμπίπτει ἦμεν τὸ τῶν μειζόνων ὅρων διάστημα μεῖον, τὸ δὲ τῶν μειόνων μεῖζον. ἁ γεωμετρικὰ δέ, ὅκκα ἔωντι οἷος ὁ πρᾶτος ποτὶ τὸν τρίτον. τούτων δ' οἱ μείζονες ἴσον ποιοῦνται τὸ διάστημα καὶ οἱ μείους. ἁ δ' ὑπεναντία, ἃν καλοῦμεν ἁρμονικάν, ὅκκα ἔωντι τοῖοι· ὧι ὁ πρᾶτος ὅρος ὑπερέχει τοῦ δευτέρου αὐταύτου μέρει, τούτωι ὁ μέσος τοῦ τρίτου ὑπερέχει τοῦ τρίτου μέρει. γίνεται δ' ἐν ταύται τᾶι ἀναλογίαι τὸ τῶν μειζόνων ὅρων διάστημα μεῖζον, τὸ δὲ τῶν μειόνων μεῖον.

Die Übersetzung dort – mit einer kleinen, m. E. aber wichtigen Korrektur:

„*Es gibt aber drei musikalische Mittelwerte* (es steht nichts da von „*Proportionen"*, wie Diels übersetzt*), einmal den arithmetischen, zweitens den geometrischen, drittens den entgegengesetzten, den so genannten harmonischen.*

Der arithmetische (Mittelwert!)*, wenn drei Zahlbegriffe analog folgende Differenz aufweisen: um wieviel der erste den zweiten übertrifft, um soviel übertrifft der zweite den dritten. Und bei dieser Analogie trifft es sich, dass das Verhältnis der größeren Zahlbegriffe kleiner, das der kleineren größer ist.*

Der geometrische (Mittelwert!): wenn der erste Begriff zum zweiten, wie der zweite zum dritten sich verhält. Die größeren von ihnen haben das gleiche Verhältnis wie die geringeren.

Der entgegengesetzte, der so genannte harmonische Mittelwert (!), wenn sich die Begriffe so verhalten: um den wievielten Teil der eigenen Größe der erste Begriff den zweiten übertrifft, um diesen Teil des dritten übertrifft der Mittelbegriff den dritten. Bei dieser Analogie ist das Verhältnis der größeren Begriffe größer, das der kleineren kleiner."

In Formeln gebracht, bedeutet das

für das arithmetische Mittel: $\quad M = \dfrac{K+G}{2}$

für das geometrische Mittel: $\quad M = \sqrt{K \cdot G}$

und für das harmonische Mittel: $\quad M = \dfrac{2 \cdot K \cdot G}{K+G}$,

wobei M der Mittelwert, K der kleinere, G der größere Wert ist.

Zum Arithmetischen Mittel:

Ausgehend von der Basis 1 und der Voraussetzung des Tetrachords erhalten wir durch sukzessive Mittelwertbildung

$$\frac{1+1,3333}{2} \to 1,1666 = M1$$

$$\frac{1+1,1666}{2} \to 1,0833 = M2$$

$$\frac{1+1,0833}{2} \to 1,0417 = M3$$

```
    x-------x------x----------x----------------------x
    1       M3     M2         M1                     1,3333
            |                 |                      |
            >      1,119      <                      
                              >       1,143          <
```

Für den kleinsten Tonschritt ($\frac{1}{2}$ - Ton) setzen wir M3 an und erhalten unter der Annahme von zwei Ganztönen

$$\frac{M1}{M3} = 1{,}119 \text{ und}$$
$$\frac{1{,}3333}{M1} = 1{,}143.$$

Damit haben wir die Tonschritte (gerundet) 1,04, 1,12 und 1,14 in der Aufteilung des Tetrachords.

Zum Geometrischen Mittel:

Entsprechend der o.a. Vorgehensweise erhalten wir hier

$$\sqrt{1{,}3333} \rightarrow 1{,}1547 = M1$$
$$\sqrt{1{,}1547} \rightarrow 1{,}0746 = M2$$
$$\sqrt{1{,}0746} \rightarrow 1{,}0366 = M3.$$

```
X-----X------X----------X----------------------X
1     M3    M2          M1                    1,3333
      |                 |                      |
      >    1,114        <
                        >     1,155            <
```

$$\frac{M3}{M1} = 1{,}114 \text{ und}$$
$$\frac{1{,}3333}{M1} = 1{,}155.$$

Wir haben für den Tetrachord die Tonschritte (gerundet) 1,04, 1,11 und 1,17.

Zum Harmonischen Mittel:

$$\frac{2 \cdot 1 \cdot 1{,}3333}{1 + 1{,}3333} \rightarrow 1{,}1429 = M1$$
$$\frac{2 \cdot 1 \cdot 1{,}1429}{1 + 1{,}1429} \rightarrow 1{,}0667 = M2$$
$$\frac{2 \cdot 1 \cdot 1{,}0667}{1 + 1{,}0667} \rightarrow 1{,}0323 = M3.$$

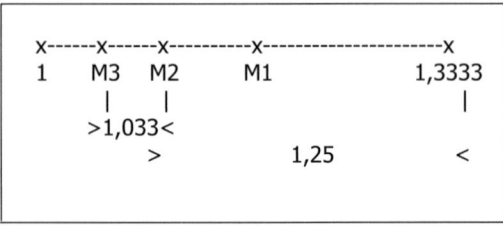

Das gibt für die Aufteilung des Tetrachords (gerundet) 1,03, 1,03, 1,25.

Als Zusammenfassung und im Vergleich mit der Ptolemäischen Definition (s.o) haben wir folgende Tabelle:

Arithmet.	Diaton.	**Geometr.**	Chromatisch	**Harmonisch**	Enharmon.
1,33	1,33	**1,33**	1,33	**1,33**	1,33
1,14	1,13	**1,17**	1,19	**1,25**	1,25
1,12	1,14	**1,11**	1,09	**1,03**	1,03
1,04	1,04	**1,04**	1,04	**1,03**	1,04

Abgesehen von kleineren Differenzen, die auf Grund der angewandten Methoden und Genauigkeit, der angestrebten Darstellungsform in rationalen Brüchen bei den Griechen herrühren könnten, sind signifikante Ähnlichkeiten nicht zu leugnen: Der arithmetische Mittelwert weist auf das diatonische Geschlecht, der geometrische Mittelwert auf das chromatische und der harmonische auf das enharmonische Geschlecht.

Nehmen wir beim letzteren noch ergänzend den Mittelwert von Oktave und Grundton hinzu, so erhalten wir die Quarte selbt, die Basis des Tetrachords.

$$\frac{2 \cdot 1 \cdot 2}{1+2} = 1,3333.$$

Hiermit wird der Begriff Enharmonik (= "in der Harmonie") zusätzlich untermauert!

Aus diesen gewonnenen Erkenntnissen heraus formulieren wir die

These 1:
Die drei musikalischen Mittelwerte des Archytas definieren die drei Tongeschlechter

Teil II – Die Chromatik

Wenn wir die Gedankenwelt der Pythagoreer aus erster Hand (gleichsam aus der Sicht eines Insiders) kennen lernen wollen, dann müssen wir uns mit Philolaos beschäftigen (Philolaos kommt für einen Teilaspekt der pythagoreischen Lehre ausführlich im Teil IV zu Wort). Wir empfehlen als Nachschlagewerk die Arbeit von Böckh: *Philolaos, der Pythagoreer* [24].

Die Grundaussage der Pythagoreer war: *„Alle Dinge sind ihrem Wesen nach Zahlen."*

Die eigentliche Wesensbeschaffenheit der Dinge war für sie deren mathematische Seite. Da aber in der Mathematik die Zahl das Erste ist, wurde die Zahl für das Wesen der Dinge gehalten. Die Zahl das Erste, sie ist früher als das Warme und Kalte; denn die Größe geht allen physikalischen Eigenschaften voran, und die Zahl ist auf Größe gegründet.

Die Zahlen sind die Prinzipien von allem. Aus dem Einen entstehen alle Zahlen bis zur Zehnzahl, und das Eine ist die Wesenheit des Punktes, zwei die der Linie, Drei die der Fläche, Vier die des Körpers. Damit ist die Welt mit allen ihren Dimensionen gegeben: $1 + 2 + 3 + 4 = 10$, die Tetraktys. Deshalb nennt Philolaos die Zehnzahl groß, allgewaltig, alles vollbringend, weil sie alles in sich begreift.

Rings um die Welt dehnt sich das Unbegrenzte ins Unermessliche aus!

Da das Wesen von allem die Zahl ist, so muss auch die ganze Welt nach Zahlenverhältnissen gebaut und ganz von mathematischer Regelmäßigkeit durchdrungen sein. Die Elemente müssen die Gestalten der regelmäßigen stereometrischen Körper haben: Die Erde entspricht dem Kubus, das Feuer der Pyramide, die Luft dem Oktaeder und das Wasser dem Ikosaeder, das Dodekaeder umfasst die ganze Weltkugel.

Die Zahl gibt Wahrheit und Erkennbarkeit; Mathematik ist das Einleuchtendste: in der Natur ist sie das Herrschende, das sich zeigt in der Jahreszeit, dem immer wiederkehrenden Tag, in der Tageszeit. Die Zahl herrscht in der bildenden Kunst, und auch im Himmelsgebäude bestehen Regelmäßigkeit und Ordnung. Es bewegen sich 10 himmlische Sphären um das Zentralfeuer (also wieder die heilige Zehnzahl!), und ihre Abstände sind nach regelmäßigen Verhältnissen geordnet. Ihr Umlauf lässt die Sphärenharmonie erklingen!

Diese Sichtweise rief bereits Philosophen und Naturwissenschaftler des Altertums auf den Plan, weil von den Pythagoreern oft die Realität missachtet und dem Zahlendenken untergeordnet wurde. Es wurde neben den bekannten

Gestirnen z. B. eine Gegenerde (ein Spiegelbild unserer Erde, das wir allerdings nicht sehen können) kreiert, womit man letztlich auf 10 himmlische Sphären kam.

Aber es geht noch weiter: Überall finden wir Ähnlichkeiten mit Zahlen: beispielsweise ist die Harmonie die 2, die Gerechtigkeit eine gleichziffrige Zahl (etwa 88), und die Ehe entspricht der 5 (diese, weil 3 der Repräsentant des Männlichen und 2 des Weiblichen ist). Alles ist Nachahmung der Zahl ...

Da sich gleichsam primär alles um die (ganzen) Zahlen und dann um die Quotienten solcher Zahlen, die Rationalzahlen, drehte, setzte sich die Erkenntnis, dass es darüber hinaus eine andere Art von Zahlen gab, wie ein Störenfried der pythagoreischen Gedankenwelt fest.

Die Erkenntnis entstand durch die Forderung, für zwei beliebige Strecken ein gemeinsames Maß zu finden, d.h. die Strecken als kommensurabel anzusehen.

Bei Platon finden wir zwei Stellen, in denen er auf diese Problematik eingeht, einmal in den *Gesetzen* , ein anderes Mal im Dialog *Theaitetos* . Die beiden Texte sind es wert, an dieser Stelle ungekürzt wiedergegeben zu werden.

Im ersten Dialog wird über einen richtigen „Lehrplan" in Athen diskutiert; in unserem Ausschnitt geht es speziell um die Unwissenheit der Griechen zur Inkommensurabilität. Die Einleitung hat zwar nur indirekt mit unserem Thema zu tun; wir wollen sie aber aus aktuellem Anlass vollständig zitieren, zeigt sie doch, dass spielerisches Lernen und PISA-Studie keine Erfindung unserer Zeit sind!

Platon: *Gesetze* (in der Übersetzung von Otto Apelt [64]):

> *„Athener: Es muss also von jeder dieser Wissenschaften – so laute nun unser Urteil – ein jeder wenigstens so viel lernen, wie die ungeheure Schar der Kinder in Ägypten gleich beim ersten Elementarunterricht lernt. Was nämlich erstens das Rechnen anlangt, so hat man dort ganz ausdrücklich für die Kinder besondere Belehrungsmittel erfunden, um die Kleinen spielend und frohgemut das Ihrige lernen zu lassen. So das Spiel mit Äpfeln und Kränzen, die bei gleich bleibender Gesamtzahl bald an mehr, bald an weniger Kinder zu gleichen Teilen verteilt werden, und das Faust- und Ringkampfspiel, wo alle abwechselnd der Reihe nach und in der gehörigen Folge zurückgestellt oder zusammengepaart werden. Auch hat man das Spiel mit den Trinkschalen aus Gold, aus Erz, aus Silber oder ähnlichen Metallen, die man, unter einander gemischt oder auch im Ganzen, irgendwie verteilen lässt, so dass man also, wie gesagt, die Anwendung der Zahlen auf die notwendigen Bedürfnisse des Lebens in die Form des Spieles bringt, wodurch man den Lernenden nützliche Vorkenntnisse*

gibt für die Anordnung, Führung und Marschgliederung von Truppenmassen sowie anderseits auch für die Hausverwaltung, und so die Menschen in jeder Beziehung selbständiger und geweckter macht. Sodann aber hilft man auch einem anderen Übelstand ab: In Bezug nämlich auf die Messungen alles dessen, was Länge, Breite und Tiefe hat, herrscht unter allen Menschen eine tief gewurzelte lächerliche und schimpfliche Unwissenheit.

Kleinias: Welche und was für eine wäre das?

Athener: Mein lieber Kleinias, ich selbst habe erst spät von dieser Sache Kenntnis bekommen und mein Erstaunen über unsere Rückständigkeit in dieser Beziehung war kein geringes: sie schien mir eher für Schweine als für Menschen am Platze zu sein und ich schämte mich daher nicht nur über mich, sondern auch für alle Hellenen.

Kleinias: Weswegen denn eigentlich? So sage doch, was du meinst, mein Freund.

Athener: So will ich es denn sagen oder will vielmehr durch Fragen die Sache klar machen. Also nun Antwort auf meine kurzen Fragen! Du weißt doch wohl, was Länge ist?

Kleinias: Selbstverständlich.

Athener: Und weiter, was Breite ist?

Kleinias: Gewiss.

Athener: Und doch auch, dass hier neben diesen zwei Bestimmungen als dritte noch die Tiefe in Betracht kommt?

Kleinias: Wie sollte ich nicht?

Athener: Bist du nun nicht der Meinung, dass alles dies gegen einander messbar sei?

Kleinias: Ja.

Athener: Nämlich dass Länge gegen Länge, Breite gegen Breite und Tiefe gegen Tiefe ihrer Natur nach messbar seien.

Kleinias: Unbedingt.

Athener: Wenn dies aber nun tatsächlich nur bei einigen der Fall ist, bei anderen aber jede Möglichkeit dazu, gleichviel ob unbedingt oder bedingt, ausgeschlossen ist, während du es bei allen für möglich hältst, wie steht es dann mit deiner Auffassung der Sache?

Kleinias: Offenbar schlecht.

Athener: Und weiter: wie steht es mit dem Verhältnis der Länge und Breite zur Tiefe und mit dem gegenseitigen Verhältnis von Breite und Länge? Halten wir Hellenen nicht sämtlich in diesen Fällen die gegenseitige Messung für möglich?

Kleinias: Ganz entschieden.

Athener: Wenn es aber auch hier Fälle gibt, wo dies unter keiner Bedingung möglich ist, während, wie gesagt, wir Hellenen alle es für möglich halten, müssen wir uns dann nicht in ihrer aller Namen schämen und zu ihnen sagen: Ihr trefflichsten Hellenen, das ist einer von jenen Fällen, wo, wie wir sagten, das Nichtwissen schimpflich ist, während das Wissen noch keineswegs Anspruch auf besonderes Lob gibt, da es sich doch bloß um das Notwendige handelt.

Kleinias: Sehr richtig.

Athener: Und außerdem gibt es noch andere damit verwandte Dinge, bei denen wir uns vielfach in irrigen Anschauungen bewegen, die mit den genannten verschwistert sind.

Kleinias: Nun, was für welche denn?

Athener: Die eigentlichen Gründe der gegenseitigen Messbarkeit und Nichtmessbarkeit. Denn darüber muss man unbedingt zu völliger Klarheit gelangen, wenn man nicht ein erbärmlicher Wicht bleiben will. Immer muss man sich im geselligen Beisammensein dergleichen Aufgaben vorlegen und einen würdigen Wetteifer dafür einsetzen, eine Art der Unterhaltung, die weit erfreulicher ist als das Brettspiel der Greise. ... "

In dem zweiten hier aufgeführten Platon'schen Dialog finden wir zum ersten Mal eine deutliche Unterscheidung von rationalen und irrationalen Zahlen. Diese Erkenntnis fällt gleichsam als Nebenprodukt ab auf dem Weg des Sokrates, aus seinen Zuhörern die Definition von Wissen (die ἐπιστήμη = Kenntnis, Einsicht, Wissenschaft) heraus zu holen.

Platon: *Theaitetos* (in der Übersetzung von Otto Apelt [74]):

„Theätet. Jetzt kommt Licht in die Sache, mein Sokrates. Es scheint mit deiner Frage ähnlich zu stehen, wie mit der, die sich uns selbst, mir und deinem Namensvetter hier, dem Sokrates, neulich bei einer gemeinschaftlichen Untersuchung aufdrängte.

Sokrates. Wie verhielt es sich denn damit, mein Theätet?

*Theätet. Unser Theodoros entwarf uns eine Zeichnung von Quadraten und wies für die Quadrate von drei Quadratfuß und von fünf Quadratfuß Inhalt nach, dass sie an Seitenlänge nicht kommensurabel sind dem Quadrat von einem Quadratfuß Inhalt, und so nahm er jedes einzelne vor bis zu dem von siebenzehn Quadratfuß. Damit ließ er es **zufällig** (s. Bemerkung zur Abbildung!) genug sein. Da nun die Quadrate an Menge unendlich schienen, so kam uns der Gedanke, einen zusammenfassenden Begriff aufzusuchen, durch den wir alle diese Quadrate (d. h. jede der beiden Arten durch je ein charakteristisches Merkmal) bezeichnen könnten.*

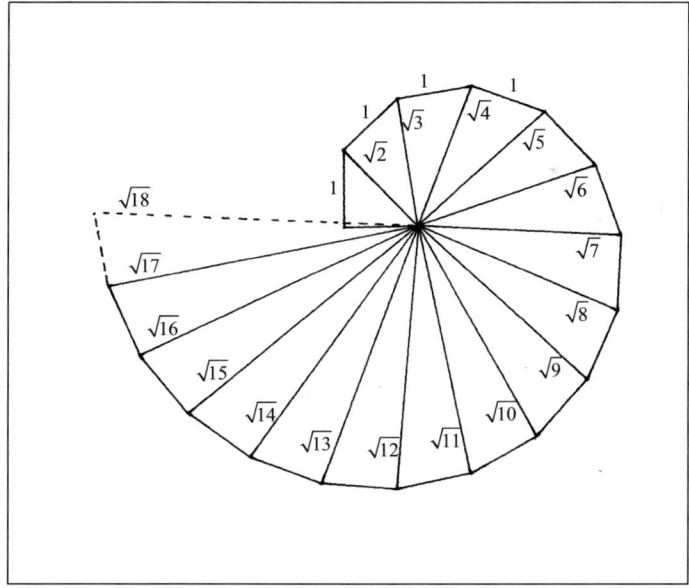

Die fortwährende Konstruktion der irrationalen Zahlen mit Hilfe des *„Satzes des Pythagoras"* zur Quadratwurzelschnecke

Die Frage, warum Theodoros mit der Siebzehn aufhörte, hat seit dem Altertum die Wissenschaftler beschäftigt. Als „normaler" Mensch könnte man sagen: einfach zufällig, irgendwann musste er ja aufhören (entsprechend schiebt Apelt in seiner Übersetzung „zufällig" in den Text ein). Andere wieder sagen, dass wahrscheinlich, als der Lehrer bei der Siebzehn angekommen war, die Unterrichtseinheit zu Ende gewesen sei; man könnte also folgern: „Es klingelte, die Mathe-Stunde war vorbei!"

Nun hat aber ein gewisser J. H. Anderhub bereits 1918 eine interessante Theorie veröffentlicht, nach der Theodoros der Reihe nach $\sqrt{2}$, $\sqrt{3}$ usw., so wie es die Abbildung wiedergibt, konstruierte. Wird aber die Konstruktion über 17 hinaus weiter geführt, dann überlagert das neue Dreieck das erste Dreieck. Das heißt, Theodoros musste – unter der Annahme, dass er die Figuren in den Sand oder auf den Boden zeichnete – nach $\sqrt{17}$ aufhören! – Diese Erläuterung habe ich aus dem Aufsatz „*Gleichverteilung und Quadratwurzelschnecke*" von Edmund Hlawka [48]. Ich finde sie so interessant, dass ich sie dem Leser nicht vorenthalten möchte.

Dann geht es weiter im Text:

Sokrates. Und fandet ihr auch einen passenden?

Theätet. Mir will es so scheinen. Aber prüfe selbst.

Sokrates. So sprich.

Theätet. Alle Zahlen teilten wir in zwei Arten. Diejenigen, die ein Produkt aus gleichen Faktoren darstellen, nannten wir unter Vergleichung mit der Quadratfigur quadratisch und gleichseitig (d. h. von einer Seitenlänge, die der des einfüßigen Quadrates kommensurabel ist).

Sokrates. Sehr gut.

Theätet. Die zwischenliegenden Zahlen aber, zu denen die drei und die fünf gehört sowie jede Zahl, die kein Produkt gleicher Faktoren ist, sondern entweder aus einer größeren Zahl multipliziert mit einer kleineren, oder aus einer kleineren multipliziert mit einer größeren, entsteht, und die (als Figur gedacht) immer von einer größeren und von einer kleineren Seite umspannt werden, nannten wir oblonge (ἑτερόμηκες) Zahlen, unter Vergleichung mit einem länglichen Rechteck.

Sokrates. Vortrefflich. Aber wie weiter?

Theätet. Alle Linien nun, die die Seiten eines nach Seiten und Fläche kommensurabeln Quadrates bilden, bestimmten wir als Längen, alle, welche eine inkommensurable Quadratseite bilden, nannten wir (im engeren Sinne) Quadrate, als der Seitenlänge nach nicht mit jenen kommensurabel, wohl aber der Fläche nach, die ihr Quadrat ist. Und ebenso mit den Kubikzahlen.

Sokrates. Ganz ausgezeichnet, ihr Knaben. Also von falschem Zeugnis kann wohl bei Theodoros nicht die Rede sein.

Theätet. Indes, mein Sokrates, deine Frage über das Wissen bin ich doch nicht imstande so zu beantworten, wie die über Länge und Quadrat, trotz der Ähnlichkeit, die deine Aufgabe mit dieser zu haben scheint. Also erweist sich wohl Theodoros jetzt doch noch als falscher Zeuge.

Sokrates. Wieso? Wenn er dich als Läufer lobte und sagte, es sei ihm nie ein so guter Läufer vorgekommen, und wenn du dann von dem schnellsten vollkräftigen Läufer überwunden worden wärest, würde dann sein Lob etwa an Wahrheit verlieren?

Theätet. Das nicht.

Sokrates. Aber hältst du es denn, wie ich vorhin sagte, für eine Kleinigkeit, und nicht vielmehr für eine sehr bedeutende Aufgabe, den Begriff des Wissens zu bestimmen?

Theätet. Wahrhaftig, beim Zeus, sogar für eine der allerbedeutendsten.

Sokrates. Also nur Mut und Selbstvertrauen! Lass das Wort des Theodoros gelten und gehe herzhaft daran, den Begriff des Wissens zu bestimmen.

Theätet. An Herzhaftigkeit, mein Sokrates, soll es mir nicht fehlen. ..."

Nun, wir können heute nicht mehr nachvollziehen, welche Schwierigkeiten es damals machte, erstens unterschiedliche Klassen von Zahlen zu erkennen, dann zweitens über eine genaue Definition von kommensurablen und nicht kommensurablen geometrischen Größen zur Unterscheidung von bis dato beherrschenden ganzen und rationalen Zahlen auf der einen Seite und – wie wir heute sagen würden – irrationalen Zahlen auf der anderen Seite zu kommen. Eine unglaubliche Leistung von Theodoros, dem Lehrer Platons und des Theätet in der Mathematik, denen Platon mit diesem Dialog ein Denkmal gesetzt hat. Theätet, der als junger, sympathischer, intelligenter Teilnehmer an den Diskussionsrunden um Platon geschildert wird, hat denn auch ein Verfahren zur Berechnung von Irrationalzahlen entwickelt; aber dazu später mehr.

An dieser Stelle ist es nötig, einen kurzen Blick auf die Entstehung des Begriffes von „irrationalen" Zahlen zu werfen. Christophorus Clavius, geboren in Bamberg, war im 16. Jh. als Mathematik- und Astronomielehrer am päpstlichen Hof in Rom tätig; u. a. war er beteiligt an der Kalenderreform von Gregor XIII. 1574 erschien seine lateinische Übersetzung von Euklid's *„Elementen"*. Dort finden wir die Begriffe *magnitudines commensurabiles* bzw. *incommensurabiles*, die Grundstrecke, auf die sich alles bezieht, heißt *rationalis*, die mit ihr kommensurablen bzw. inkommensurablen Strecken *rationales* bzw. *irrationales*.

Das Problem der Inkommensurabilität war bereits vor Platon's Zeit bekannt, es war langsam ins Bewusstsein gerückt, zeigte sich immer deutlicher und wurde schließlich für die Pythagoreer zur existentiellen Bedrohung: Die Seite eines Quadrates und seine Diagonale sind offensichtlich nicht immer kommensurabel, und also ist doch nicht alles Zahl, also ist der damit definierte Harmoniebegriff nicht zu akzeptieren! – Oder etwa doch?

Es waren wohl die so genannten *„Mathematiker"* unter den Pythagoreern, die *„Wissenschaftler"* (das Wort kommt von μάθημα = *Wissenschaft, Kenntnis* und hat zunächst nichts mit unserem Begriff von Mathematik zu tun!), die sich mit dem Problem der Inkommensurabilität beschäftigten. Nach ihnen musste es nicht notwendiger Weise heißen *„Alles ist Zahl";* sie konzentrierten sich auf geometrische Objekte. Hier konnten sie die $\sqrt{2}$, also eine Irrationalzahl darstellen, hier konnten sie eine Lösung des Delischen Problems finden, also die $\sqrt[3]{2}$ beschreiben, hier konnten sie mit $\sqrt{3}$ arbeiten und fanden so schließlich den Goldenen Schnitt.

Auf der Insel Delos kamen Bittsteller zum Orakel des Apollo, um zu hören, wie man von einer schlimmen Seuche befreit werden könne. Die Forderung des Orakels war, das Volumen des Altarsteins zu verdoppeln, die Form aber beizubehalten. Der Stein war ein Würfel, die neue Kantenlänge also $\sqrt[3]{2}$ mal so groß wie die alte. Einer derjenigen, der das Delische Problem löste, war der uns bereits bekannte Archytas. (Der Lösungsweg ist an vielen Stellen nachzulesen, z. B. bei Schrödinger [83] oder bei Diels [30].

Im Übrigen: die andere Partei der Pythagoreer neben den Mathematikern war die der Akousmatiker (die *„Zuhörer")*; sie meditierten und diskutierten über den Meister, seine Lehre und seine Lebens- und Verhaltensregeln.

Das Arbeiten mit geometrischen Objekten anstatt mit (diskreten) Zahlen führte zur wissenschaftlichen Betrachtung des realen Raumes, und damit zum Kontinuum. Dass man sich hier sehr schwer tat, zeigen die Zenon'schen Paradoxien!

In Platon's Akademie wuchs allmählich die Idee, den Zahlen wieder zu ihrem Recht zu verhelfen, Zahlen (zumindest als potentiell vorhanden) zu deklarieren, die in jeder Größenordnung einer Strecke, einem Körper, d. h. einem geometrischen Objekt, und damit der Forderung nach dem Kontinuum entsprechen konnten. Auch Archytas gab dem Verstand, der Rechenkunst den Vorrang vor der

Geometrie, wie uns Stobäus, ein griechischer Dichter und Schriftsteller überliefert (Urtext nach Diels [30]):

ἐκ τῶν Ἀρχύτου Διατριβῶν.
καὶ δοκεῖ ἁ λογιστικὰ ποτὶ τὰν σοφίαν τῶν μὲν ἀλλᾶν τεχνῶν καὶ πολὺ διαφέρειν, ἀτὰρ καὶ τᾶς γεωμετρικᾶς ἐναργεστέρω πραγματεύεσθαι ἃ θέλει. ... καὶ ἃ ἐκλείπει αὖ ἁ γεωμετρία, καὶ ἀποδοδείξιας ἁ λογιστικὰ ἐπιτελεῖ καὶ ὁμῶς, εἰ μὲν εἰδέων τεὰ πραγματεία, καὶ τὰ περὶ τοῖς εἴδεσιν ...

„aus den philosophischen Unterhaltungen des Archytas.
Und es hat den Anschein, dass die Rechenkunst, was die Erkenntnis angeht, sich ganz gewaltig vor anderen Künsten auszeichnet und vollends auch vor der Geometrie, da sie in größerer Deutlichkeit untersuchen kann, was sie untersuchen will ... und wo ihrerseits die Geometrie nicht mehr weiter kommt, verwirklicht die Rechenkunst zum einen die Beweise und in gleicher Weise zum anderen, wenn es überhaupt irgendeine Lehre der Formen gibt, die Lehre der Formen ..."

(Wir können annehmen, dass mit den „Formen" Platons „Ideen" gemeint sind. Und damit wird ganz klar, dass zu Archytas' Zeit auch in der Akademie an der Rehabilitierung der Zahlen gearbeitet wurde.)

Gleich zwei Schüler Platons kamen auf Methoden zur zahlenmäßigen Konstruktion von irrationalen Zahlen, nämlich Theaitetos, den wir oben kennen gelernt haben, und Eudoxos. Es sind verschiedene Methoden, aber beide vom Mathematischen her genial. Doch bevor wir sie uns anschauen, wollen wir einen kurzen Blick in die vorgriechische Zeit werfen, um zu schauen, wie man dort mit irrationalen Zahlen umging.

Immer waren Wissenschaftler, Ingenieure und Techniker auf Berechnungen angewiesen, immer waren sie dabei mit dem Problem konfrontiert, dass nicht alles durch ganze Zahlen oder Verhältnisse ganzer Zahlen, durch Rationalzahlen also, ausgedrückt werden kann. Ob in Babylon bei der Berechnung der Jahreszeiten oder Himmelserscheinungen oder in Ägypten beim Bau der Pyramiden: immer musste mit Irrationalzahlen wie π oder $\sqrt{2}$ gearbeitet werden.

Aus Funden wird klar, dass man bereits 1000 Jahre vor dem großen Griechen den so genannten Satz des Pythagoras kannte. Babylonier und Ägypter haben zwar seine Aussage in ihren Konstruktionen verwendet, sie haben aber nicht die fundamentale und allgemeingültige Aussage erkannt, geschweige formuliert. Das war auch nicht ihr Ziel. Die Praxis stand für sie im Vordergrund: Buchhaltung, Finanzen, Messen und Wiegen. Ihnen als Pragmatiker genügte die Tatsache, dass, wenn sie zum Beispiel ein Seil mit drei, vier und fünf Einheiten nahmen, sie so zu einem rechten Winkel kamen. Den Griechen blieb es vorbehalten, dieses Phänomen zu untersuchen, zu verallgemeinern und die entsprechenden Beweise zu liefern.

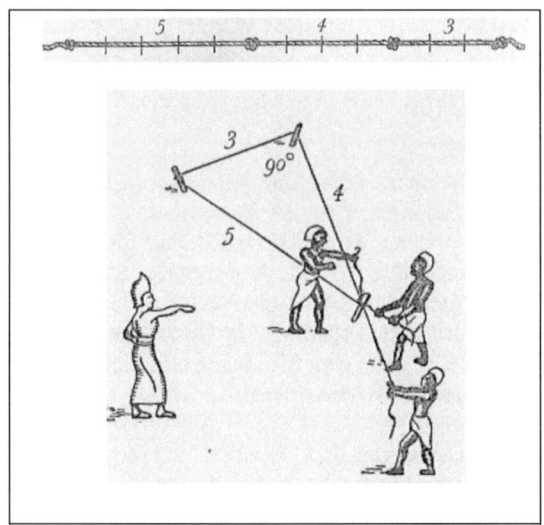

Konstruktion des Rechten Winkels im alten Ägypten
(aus Hogben [49])

Auf Tafeln aus dem Babylonischen Reich, die teilweise Tabellen, teilweise Aufgabentexte zeigen, sind mathematische Dokumente gefunden worden, deren ältestes bisher bekannte (aus den Jahren 1900 – 1600 v. Chr.) quasi eine Zahlentheorie darstellt.

Aus diesen und ähnlichen Dokumenten wird klar, wie die Babylonier z. B. $\sqrt{2}$ berechneten. Es ist ein Näherungsverfahren, und dieses kann auf jede Wurzelberechnung angewendet werden!

Wir wollen es hier zur Demonstration nachvollziehen; dabei verwenden wir unsere Dezimalschreibung. Die Babylonier allerdings benutzten das Sexagesimalsystem, das Zahlensystem zur Basis 60 also. Sie hatten auch kein Symbol zur Darstellung von Unbekannten, wie wir x und y benutzen.

Unsere erste Näherung zur Berechnung von $\sqrt{x}$ ist a_1, das kleiner gewählt wird als die gesuchte $\sqrt{}$, also $a_1^2 < x$. Dann ist aber $\dfrac{x}{a_1} > \sqrt{x}$.

Wir nehmen den Mittelwert

$$\frac{1}{2}\left(a_1 + \frac{x}{a_1}\right) = a_2,$$

die zweite Näherung, die näher an $\sqrt{x}$ liegt als a_1 oder $\frac{x}{a_1}$. Wir kommen zu immer genaueren Ergebnissen bei der Wiederholung dieser Prozedur.

Das Beispiel zur Berechnung der $\sqrt{2}$ sei nachgetragen.

$$x = 2; a_1 = 1; \frac{x}{a_1} = 2$$

$$a_2 = \frac{1}{2}(1+2) = 1,5$$

$$a_3 = \frac{1}{2}\left(1,5 + \frac{2}{1,5}\right) = 1,416$$

$$a_4 = \frac{1}{2}(...) = 1,414215,$$

ein recht ordentlicher Wert im Vergleich zu der mit heutigen Mitteln errechneten, auf 8 Stellen genauen Zahl $1,4142135$.

Für die modernen Computer sind z. T. ähnliche Näherungsverfahren zur Berechnung von $\sqrt{2}$ programmiert ; ein Computer (auch z. B. ein Taschenrechner!) kann nicht alleine von sich aus mathematische Begriffe und Formeln, etwa die Wurzel oder den Sinus und den Tangens eines Winkels, berechnen: er muss dazu exakt die vorgegebenen Schritte kennen, ob in Software oder in der Hardware als so genanntem Mikrocode, niedergelegt. (In den Jahren 1961 – 1965 habe ich in der mathematischen Abteilung der IBM Deutschland u. a. Verfahren zur Wurzelberechnung programmiert, die eine ähnliche Methode zur Basis hatten.)

Zur Berechnung von Kreisdaten, von Umfang oder Inhalt, nahmen die Babylonier die Konstante 3. Genauere (in unserem Sinne) Berechnungen führten sie bisweilen mit der Zahl $3\frac{1}{8} = 3,125$ durch, was im Vergleich zu „unserem" $\pi = 3,1415927$ nur einen geringfügigen Fehler bedeutet.

Die Ägypter berechneten in ähnlicher Weise die „rationalen" Zahlen. Das berühmteste Dokument in dieser Hinsicht ist das Papyrus Rhind, das um das Jahr 1650 v. Chr. von einem Schreiber mit dem Namen Ahmes erstellt wurde. Ahmes gibt dabei an, er kopiere ein 200 Jahre altes Original; es stammt also aus der Zeit des mittleren Reiches (2040 – 1875 v. Chr.)!

Wir müssen selbstverständlich annehmen, dass die wissenschaftlich interessierten Griechen, und damit meinen wir die Mathematiker unter den Pythagoreern, die Verfahren aus Babylon und Ägypten kannten, „irrationale" Zahlen für die Praxis in den Griff zu bekommen. Ihnen blieb es aber überlassen, dazu ein theoretisches Grundgebäude zu errichten. Zu diesen Grundlagenforschern gehörten in erster Linie die oben angeführten Theätet und Eudoxos. Sie schufen Methoden zur Berechnung in beliebiger Genauigkeit und brachten dabei Klarheit über das Wesen der „Irrationalzahlen".

Die Methode des Theaitetos ist die, die wir heute unter der Kettenbruchentwicklung verstehen. Eine solche Folge von (natürlichen) Zahlen ist entweder endlich oder unendlich und repräsentiert jeweils eine reelle Zahl. Derartige unendliche Folgen sind die später so genannten Irrationalzahlen.

Das Verhältnis der Diagonalen eines Quadrates zu einer Seite wird dabei durch die unendliche Folge (1; 2,2,2...) repräsentiert. Damit zeigt sich im ursprünglich pythagoreischen Sinne wieder die Harmonie des Quadrats!

Schauen wir uns einmal an, was hinter einem Kettenbruch steckt!

Ein Kettenbruch (und zwar ein abbrechender) ist ein Term der Form

$$b_0 + \cfrac{1}{b_1 + \cfrac{1}{b_2 + \cfrac{1}{\ddots \cfrac{}{b_n}}}}$$

$b_0, b_1, \ldots$ sind ganze Zahlen, und die Teilnenner sind positiv. n ist die Ordnung des Kettenbruchs, der in verkürzter Form $[b_0; b_1, b_2, \ldots b_n]$ dargestellt wird. Jede rationale Zahl kann durch einen solchen abbrechenden Kettenbruch beschrieben werden, z. B. $\frac{43}{19} = [2; 3, 1, 4]$ mit der Ordnung 3.

Für irrationale Zahlen haben wir eine nicht abbrechende Kettenbruchentwicklung. Die aufeinander aufbauenden Glieder in der Kettenbruchentwicklung, die so genannten Näherungsbrüche, approximieren die Irrationalzahl abwechselnd von oben und von unten.

Zur Verdeutlichung leiten wir einmal die Kettenbruchentwicklung von $\sqrt{2}$ ab. Wir gehen aus von der Ungleichung $1 < \sqrt{2} < 2$:

$$\sqrt{2} = 1 + \sqrt{2} - 1$$
$$\sqrt{2} = 1 + \left(\sqrt{2} - 1\right)$$
$$\sqrt{2} = 1 + \frac{1}{\frac{1}{\sqrt{2}-1}}$$

Wegen $\frac{1}{\left(\sqrt{2}-1\right)} = \frac{\sqrt{2}+1}{\left(\sqrt{2}-1\right)\left(\sqrt{2}+1\right)} = \frac{\sqrt{2}+1}{2-1} = \frac{\sqrt{2}+1}{1}$ erhalten wir

$$\frac{1}{\sqrt{2}+1} = \frac{1}{2+\sqrt{2}-1}$$

und damit als 1. Näherung von $\sqrt{2}$:

$$[1;2]\left(=1,5 \text{ oder } 1+\frac{1}{2}\right).$$

Die weitere Entwicklung bringt

$$\sqrt{2} = 1 + \frac{1}{2+\frac{1}{\sqrt{2}-1}} =$$

$$1 + \frac{1}{2+\sqrt{2}+1} =$$

$$1 + \frac{1}{2+2+\sqrt{2}-1} =$$

$$1 + \frac{1}{2+\frac{1}{2+\sqrt{2}-1}}.$$

Die 2. Näherung für $\sqrt{2}$ ist also

$$[1;2,2] = \left(1+\frac{1}{2+\frac{1}{5}}\right) = 1+\frac{2}{5} = 1,4.$$

In der 3. Näherung erhalten wir schließlich

$$\sqrt{2} = [1;2,2,2] = \left(1+\frac{5}{12}\right) = 1,41\overline{6}.$$

Beim Abbruch mit der Ordnung 6 ist $\sqrt{2}$ schon recht zufriedenstellend approximiert: Der Wert ist 1,414201, während der korrekt berechnete mit dieser Anzahl von Dezimalstellen 1,414214 ist!

Eudoxos kommt zu den reellen Zahlen über die Frage nach der Gleichheit zweier Größenverhältnisse, wobei die Größen im zweiten Verhältnis nicht unbedingt von der gleichen Art wie im ersten Verhältnis sein müssen: die natürlichen Zahlen werden ein Vergleichswerkzeug!

Im Buch V von Euklids *Elementen* wird die allgemeine Proportionenlehre abgehandelt; sie geht möglicherweise auf Eudoxos zurück. Mit dieser Lehre konnte man also dem Problem der Inkommensurabilität begegnen: man konnte Größen vergleichen, deren Verhältnis nicht durch natürliche Zahlen ausgedrückt werden kann. Ein Beispiel: „Die Fläche von Kreisen steht im Verhältnis zu ihrem Durchmesser", für uns selbstverständlich, aber man musste zuerst einmal darauf kommen! Ausgehend vom Axiom des Messens (m, n sind verhältnisfähig, wenn es ein ganzes k gibt, so dass folgt: $m < n < k.m$) erklärt er $a:b$ und $c:d$ als gleich, wenn nach Wahl beliebiger teilerfremder ganzer Zahlen p, q aus $a.p \gtreqless b.q$ folgt, dass auch $c.p \gtreqless d.q$. Und genau das ist die Aussage des „Dedekind'schen Schnitts", die im 19. Jh. n. Chr. eine verbindliche Definition der reellen Zahlen brachte!

Maßzahlen aus verschiedenen Bereichen der Natur werden nun vergleichbar, und alle quantitativen Phänomene liegen einer Untersuchung und Beschreibung offen. Damit ist das pythagoreische Ziel erreicht – alles ist Zahl!

Babylonier und Ägypter hatten Näherungsformeln zur Berechnung von Irrationalzahlen. Ihnen als Pragmatiker genügte die dabei realisierte Genauigkeit. Den Griechen, d.h. den Pythagoreern als Grundlagenforschern, genügte das nicht; es ist aber abwegig anzunehmen, sie hätten die Methoden und Verfahren der Babylonier und Ägypter nicht gekannt. Nur passten die Ergebnisse nicht in ihr Weltbild, und jeder, der sich mit Irrationalzahlen abgab, lief Gefahr, verleumdet zu werden oder eines gewaltsamen Todes zu sterben, wie es die Legenden um Hippasos und Hipparchos uns künden (z. B. bei Jamblichos nach [88]).

Dass es außer den natürlichen Zahlen und den Verhältnissen zwischen ihnen etwas anderes gab, erkannte man schon (s. Platon!) und man arbeitete daran, dies im pythagoreischen Sinne greifbar zu machen. Theaitetos und Endoxos brachten hier den Schlüssel; sie zeigten letzten Endes, Geometrie und Zahlenlehre schließen sich nicht aus. Wie es unendlich viele Punkte auf einer Geraden gibt, so gibt es auch unendlich viele Zahlen zwischen zwei anderen Zahlen. Das Kontinuum im Raum wird akzeptiert!

Damit erreicht aber auch das für die Musik definierte geometrische Mittel von Archytas aus dem vorigen Kapitel eine neue Qualität: Wenn er um die Existenz der irrationalen Zahlen wusste, wenn er die Möglichkeit zu deren Berechnung in beliebiger Genauigkeit kannte, dann kann es doch auch sein, dass er bei der Berechnung des geometrischen Mittels genau auf die heute gültigen Tonabstände gestoßen ist.

Dazu muss Archytas zunächst einmal die Zwölftonreihe definiert haben, was wir wie folgt nachvollziehen können:

Für Aristoxenos ist der Ganzton das Doppelte des Halbtons. Damit besteht die Quarte aus fünf und die Quinte aus sieben Halbtönen, die Oktave aus zwölf Halbtönen (vgl. die Tabelle in Kap. 1). Dies entnehmen wir Aristoxenos [20]. Eine Zwölfereinteilung der Oktave war also gebildeten Griechen nicht fremd, warum sollte Archytas sie nicht auch gekannt haben? Vielleicht hat er sie sogar als erster konzipiert!

Zum zweiten muss Archytas in der Lage gewesen sein, $\sqrt[12]{2}$ berechnen zu können. Aber das war für ihn sicherlich nicht das Problem. Nach unserer Schreibweise ist

$$\sqrt[12]{2} = \sqrt[3\cdot 2\cdot 2]{2} = \sqrt[3]{\sqrt{\sqrt{2}}}.$$

Oder

$$\sqrt[12]{2} = \frac{\sqrt[3]{2}}{\sqrt[4]{2}}.$$

Bei der Lösung des Delischen Problems hat Archytas sein Können gezeigt, er konnte also $\sqrt[3]{2}$ berechnen, und die Quadratwurzel aus einer beliebigen Zahl zu ziehen, bereitete ihm überhaupt keine Schwierigkeit!

Bereits Archytas war also in der Lage, die temperierte Stimmung festzulegen, und wir formulieren

These 2:
Die antike Chromatik ist die gleiche wie die heutige

Teil III – Der Regenbogen und die Musik

Seitdem man sich sicher war, eine mathematische Beschreibung der Harmonie in den Tönen gefunden zu haben (das Verhältnis von Oktave zu Grundton 2:1, von Quinte zu Grundton 3:2 und von Quarte zu Grundton 4:3), versuchte man, das gleiche für die Farben zu definieren.

Begriffe wie Farbton, Farbklang, Tonfarbe, Klangfarbe u. ä. zeugen von den Jahrhunderte alten Versuchen, eine enge Verbindung zwischen Musik und Malerei zu entdecken oder – mit Gewalt herzustellen! Die Musik erhielt dabei der Malerei gegenüber eine bevorzugte Stellung, die bis heute nicht in Frage gestellt wurde: eine Farbenharmonie sollte sich nämlich entsprechend dem Modell der Musikharmonie verhalten. Sicherlich liegt die Höherstellung der Musiktheorie mit darin begründet, dass sie noch im Mittelalter dem Quadrivium der mathematischen Künste zugerechnet wurde. Die Farbe aber widersetzte sich den Versuchen der Quantifizierung.

Einen Hinweis zur gewünschten Parallelbehandlung von Tönen und Farben erhalten wir bei Ptolemäus. Im Kapitel *"Töne und ihre Unterschiede"* führt er zwei Arten von Schällen (ψόφοι) an, die *"gleitenden"* und die *"abgegrenzten"*. Die gleitenden vergleicht er

> *"mit den Farben des Regenbogens"*; sie *"sind der Musik fremd, denn sie zeigen nie und nirgends ein und dieselbe Gestalt, so dass sie weder durch eine Grenze noch durch eine Berechnung bestimmt werden können und also im Gegensatz zu den der Wissenschaft eigenen Gesetzen stehen"*. Aber *"abgegrenzte Schälle zeigen die Stufen der Übergänge klar und deutlich... so dass die Abstände wahrnehmbar sind, wie wenn man unvermischte und unvermengte Farben getrennt nebeneinander setzt."* Sie *"sind in der Musik zuhause; sie werden ... nach den Verhältnissen der überschießenden Teile gemessen. Diese erst können wir eigentlich Töne (φθόγγοι) nennen."* [77].

Nun, hier zeigt sich zum einen die Unmöglichkeit der Mathematisierbarkeit des Farbenspektrums im Gegensatz zur gängigen pythagoreischen Musiktheorie, zum anderen aber wird auch für die akustische Welt ein Kontinuum erkannt, wie es für die Farben als Vertreter der visuellen ohne Diskussion akzeptiert wird. Es paßt nur nicht in das pythagoreische Konzept. Durch diesen Vorbehalt, der sich über Jahrhunderte nicht zur Frage stellte, konnte keine Parallelität zwischen Tönen und Farben gefunden werden: Dieses Unterfangen ist bis heute nicht zu einem erfolgreichen Ergebnis gekommen, und so sollten wir die Prämisse „*Musiktheorie geht vor der Farbentheorie*" überdenken. Unsere nächste These am Ende dieses Kapitels wird eine entsprechende Alternative bieten.

Zunächst aber ein kleiner historischer Überblick über die Geschichte der philosophischen und naturwissenschaftlichen Betrachtung dieses Themas. Er soll und kann in keiner Weise eine komplette Übersicht geben – dazu sind eher die Werke von J. Gage [36], H. Küppers [55] und A. Schwarz [84] geeignet. Vielmehr will er zum einen einen Eindruck vermitteln, wie weit man bei der z. T. krampfhaften Suche nach der (musikalisch-mathematisch definierten) Harmonie in den Farben gegangen ist und noch geht, zum anderen aber zeigen, wie nahe manche Forscher und Philosophen an einer Lösung des Problems waren, dann aber den letzten konsequenten Schritt doch nicht gingen.

Wir wollen den Überblick trennen in eine naturwissenschaftliche, die reinen Fakten beschreibende Sichtweise, und eine interpretierende, an der musikalischen Theorie orientierte Auffassung, wiewohl im Verlaufe der Geschichte die eine mehr oder weniger in die andere übergreift.

Licht bildet eine notwendige Voraussetzung für das Sehen überhaupt und damit auch für die Wahrnehmung der Farben. Unser Auge reagiert auf Licht. Jeder Gegenstand wird durch Licht sichtbar – durch Licht, das er selbst ausstrahlt, oder durch Licht, das von ihm reflektiert wird.

Was aber ist Licht, und wie funktioniert das Sehen?

Im Laufe der Jahrhunderte kam man zu recht unterschiedlichen Ergebnissen. Beispiel: Während die pythagoreische Schule annahm, dass jeder sichtbare Gegenstand einen ständigen Strom von Lichtpartikeln freisetzt, vertrat Aristoteles die Meinung, Licht bewege sich wellenartig.

Diese gegensätzlichen Auffassungen blieben über mehr als zweieinhalb tausend Jahre bestehen. Die überragend großen Vertreter dieser beiden Theorien waren Isaac Newton und Christian Huygens. Newton (1643 – 1727) vertrat die Ansicht, dass das Licht aus kleinsten stofflichen Teilchen, den Korpuskeln, besteht, die von der Lichtquelle ausgeschleudert werden. Huygens (1629 – 1695) war Verfechter der Wellentheorie.

Heute wissen wir, dass beide das Licht richtig beschrieben haben: wir sprechen vom Dualismus des Lichts und meinen damit, dass Licht sowohl korpuskularer Natur ist als auch Wellencharakter besitzt.

Platon sieht keine Chance, in der Menge der Farbarten (ich übernehme hier den Ausdruck von H. Küppers, der diesen an Stelle von "Farbton" anwendet [55]) eine exakte Zuordnung zu finden. Er stellt jeden Versuch zur Bestimmung der Farbanteile bei Mischungen als lächerlich hin und hält dies für ein Problem, das nur Gott ergründen könne. In Timaios geht es um Farbwahrnehmungen und die verschiedenen Farbmischungen. Nach einigen Beispielen schließt er:

"... hieraus ist denn auch schon hinlänglich klar, wie man, an der Wahrscheinlichkeit festhaltend, aus ähnlichen Mischungen auch die anderen Farben entstehen lassen muß. Aber wenn Jemand dies auf dem Wege des praktischen Versuches erproben wollte, so würde er damit den Unterschied der menschlichen und göttlichen Natur verkannt haben, sofern Gott zwar wohl das Viele in Eins zu verbinden und das Eine wieder in Vieles aufzulösen hinlängliche Einsicht und zugleich Macht besitzt, von den Menschen aber keiner weder das Eine noch das Andere ins Werk setzen weder jetzt im Stande ist noch auch hinfort jemals dazu im Stande sein wird." [76].

... Und das von einem Sympathisanten der Pythagoreer!

Im Gegensatz dazu bringt Aristoteles die Ansätze einer Farbtheorie, die von einer musikalisch orientierten Harmonielehre abgeleitet ist. Bei ihm heißt es:

"Man kann also auf diese Weise mehr Farben außer Weiß und Schwarz annehmen, deren aufgrund des Verhältnisses, das sie zueinander haben, viele sind. Sie können im Verhältnis von drei zu zwei, von drei zu vier und noch anderen Zahlenverhältnissen beieinander liegen, können auch überhaupt ohne ein bestimmtes Verhältnis nur nach einem inkommensurablen Verhältnis von Mehr und Minder gemischt sein, so dass sie sich also überhaupt in derselben Weise verhalten, wie in der Musik die Konsonanzen.

Denn man darf dafür halten, dass, wie dort die Konsonanzen, so hier die Farben mit rationalem Zahlenverhältnis am meisten ansprechen und Genuß gewähren, wie z.B. purpurn, phönizisch und noch einige andere dieser Art, deren aber wenige sind, aus eben dem Grund, weshalb auch der Konsonanzen nur wenige sind, während die anderen Farben kein Zahlenverhältnis haben, die einen nach fester, in allen Teilen sich gleich bleibender Ordnung, die anderen nicht, und eben diese, wenn sie nicht rein sind, diese Beschaffenheit dadurch bekommen, dass sie nicht dasselbe Zahlenverhältnis haben."[9].

Nach einem großen Sprung in der Geschichte kommen wir zu Rudolf von St. Trond (11. Jh.). Er ordnete den verschiedenen Modi Farben zu.

Franchino Gaffurio (15. Jh.) griff diese Idee auf und assoziierte sie mit den Temperamenten (z.B. Orange für phrygisch, eine, wie er sich ausdrückt, verstimmtcholerische Tonart).

Vinzenz von Beauvais kommt auf die aristotelische Aufteilung der Farben in eine Skala zwischen Schwarz und Weiß zurück. Bei ihm heißt es, obgleich es unzählige Farben gebe, könnten nur sieben ein wahrhaft harmonisches Maßverhältnis verkörpern.

> *"Ein Rosa, gemischt aus einem größeren Anteil Weiß und einer nur geringen Menge Rot, sowie ein mit etwas Gelb abgewandeltes Grün gefallen dem Auge ebenso wie eine Quinte oder eine Quart dem Ohr."* (Nach [36])

Der Mathematiker und Astronom Johannes Kepler (1571 – 1630) arbeitete an einer Farbskala, die Vorbilder in der Natur haben sollte: Die Aufeinanderfolge der Farben am Himmel während der Dämmerung und der Regenbogen waren für ihn solche Modelle. Wie es möglich ist, aus dem Klangkontinuum aufgrund von mathematischen Verhältniszahlen Töne der Musik zu identifizieren, genauso war es nach Keplers Meinung möglich, Farbtöne zu normieren. – Die Farben des Regenbogens sollten wie die Töne der Musik meßbar sein!

Und nun noch einmal zu Isaak Newton! Mit ihm beginnt quasi die Geschichte einer systematischen Farbenlehre. Dass es für ihn schwierig sein musste, eine Ordnung der Farben zu erreichen, beruht auf der Tatsache, dass ihm das Hilfsmittel nicht zur Verfügung stand, das wir als selbstverständlich annehmen, die Wellenlänge. So war er gezwungen, eine Ordnung der Farben auf anderem Wege abzuleiten; er lauschte sie der Natur ab: Der Regenbogen, in dem die Farben gemäß ihrer Ähnlichkeit im Farbton von Rot über Orange, Gelb, Grün bis zu Blau, Indigo und Violett geordnet sind, stand Pate. Das Sonnenlicht war eine Vereinigung all dieser Farben. Mit Hilfe eines Prismas bewies Newton diese Theorie.

Damit war Newton aber nicht zufrieden. Wie konnte er aus diesem Band von Farben mit seinen zahllosen Übergängen und Zwischenstufen eine Zusammenstellung der Farbarten, die eher einleuchtete, gewinnen? Newton legte ebenfalls die Denkweise der musikalischen Harmonie zu Grunde, definierte sieben deutlich unterscheidbare Farbbänder entsprechend der Anzahl der Töne in einem Modus und wies jedem Ton eine Farbart zu. Diese ordnete er auf einem Kreis an, der noch heute als Newtonscher Farbkreis bekannt ist.

Anregung zu einer solchen Darstellung fand Newton in der Arbeit von René Descartes *"Musicae Compendium"* [28], in dem dieser Moll- und Durtöne in einem Kreis angeordnet hatte.

Die Farb-/Tonzuordnung war

rot	C
orange	D
gelb	E
grün	F
blau	G

indigo   A
violett   H

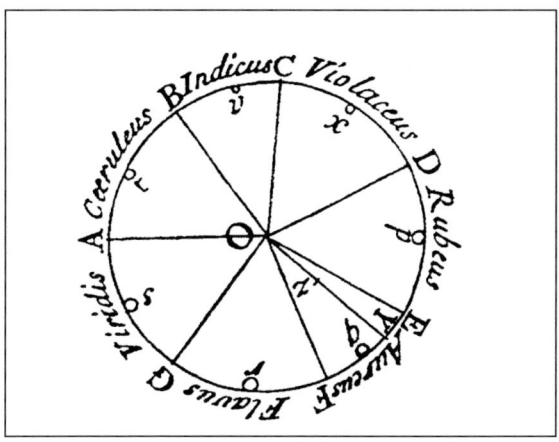

Aus: Newtons Opticks von 1704 [nach 36]

Ein kleiner Schönheitsfehler des Farbkreises ist: Während immer zwischen zwei benachbarten Farben eine gewisse Ähnlichkeit besteht, tritt zwischen Rot und Violett ein Sprung auf. Deshalb fügte man zu Beginn des 18. Jh. zwischen Rot und Violett das Purpur ein. In dieser Form ist der Farbkreis noch heute erhalten. (Wir sollten aber nicht übersehen, dass Newton ursprünglich einen 11-teiligen Farbkreis vertrat. In seinen Cambridge-Vorlesungen von 1669 – 1670 bezeichnete er die entsprechenden Farben mit

„Scharlach oder Purpur (pupureus), Bleimennige, Zitronengelb, Goldgelb oder Sonnengold (Heliocryseus), Dunkelgelb, Grün, Grasgrün, Seegrün, Blau, Indigo und Violett" [36].

Bereits Leonardo da Vinci (1452 – 1519) hatte im Regenbogen ein Modell der Farbentotalität und der harmonischen Zusammensetzung gesehen. Er sagt:

"Willst du bewirken, dass die Nachbarschaft einer Farbe der anderen anstoßenden Farbe Anmut verleihe, so bediene dich der Regel, die man die Sonnenstrahlen bei der Fügung des Bogens am Himmel, den man mit anderem Namen ‚Iris' nennt, bilden sieht. Diese Farben erzeugen sich bei der Fortbewegung der Regentropfen, denn ein jedes Tröpflein verwandelt sich bei seinem Niederfall in jede der Farben dieses Bogens, wie seinerorts dargetan werden soll ..." (Trattato della Pittura [nach 36]).

Johann Wolfgang von Goethe darf in einer solchen kurzen Aufzählung nicht fehlen. Auch er sucht nach einer Harmonie der Farben, verläßt aber auf dem Weg dorthin die auf Musik basierende Auffassung und stellt sich offen gegen die Newton'sche Lehre. Sein Anliegen ist es,

> *"zu den sinnlich-sittlichen und daraus entspringenden ästhetischen Wirkungen der Farbe"* vorzudringen [85].

Es ist letzten Endes eine psychisch-physiologische Aussage; Ausgangspunkt ist der Mensch mit seinen Kenntnissen, seinen Erfahrungen, seinen Emotionen, und insofern erst in zweiter Linie die Naturerscheinung, die bislang im Vordergrund stand. Die unterschiedlichen Farben beeinflussen in unterschiedlicher Weise das Sinnlich-Sittliche im Menschen; sein Auge bringt beim Erblicken einer bestimmten Farbe eine andere hervor, was die

> *"Totalität des ganzen Farbenkreises"* gewährleistet und *"das Grundgesetz aller Harmonie der Farben"* repräsentiert [85].

Zur Stellung von Farb- zur Tonwelt stellt Goethe fest:

> *"... dass ein gewisses Verhältnis der Farbe zum Ton stattfinde, hat man von jeher gefühlt,... Der Fehler, den man hiebei begangen, beruhet nur auf folgendem.*
>
> *Vergleichen lassen sich Farbe und Ton untereinander auf keine Weise, aber beide lassen sich auf eine höhere Formel beziehen... beide sind allgemeine elementare Wirkungen, nach dem allgemeinen Gesetz des Trennens und Zusammenstrebens, des Auf- und Abschwankens, des Hin- und Wiederwägens wirkend, doch nach ganz verschiedenen Seiten, auf verschiedene Weise, auf verschiedene Zwischenelemente, für verschiedene Sinne"* [85].

Nehmen wir als einen der letzten Vertreter der Idee, die Harmonie der Musik auf die Farbwelt zu übertragen, Friedrich Wilhelm Unger (1810 – 1876).

Die Grundlage seiner Farbenharmonie ist eine naturwissenschaftliche, die mittlerweile entdeckte, Wellenlänge der einzelnen Bunttöne.

> *"Durch die Messung der Lichtwellen ist die physikalische Handhabe gegeben, um das Gesetz der Farbenharmonie aufzufinden. Hierdurch ist es möglich geworden, der längst geahnten Analogie zwischen Farben und Tönen einen bestimmten Sinn zu unterlegen... Bis jetzt hat indessen noch Niemand daran gedacht, eine Reihenfolge von Farben aufzustellen, deren Lichtwellen in demselben Verhältnis der Geschwindigkeit stehen, wie die*

Schallwellen der musikalischen Tonleiter, und doch ist dies der einzige Weg, auf dem man hoffen kann, eine feste und zuverlässige Grundlage für die Beurtheilung der Farbenharmonie zu bekommen. [Nach 84].

Der zentrale Gedanke für Unger ist also die Ähnlichkeit von Licht- und Schallwellen, auf die ihn das *Handbuch der Optik*, eine 1839 veröffentlichte Arbeit des Physikers F. W. Gustav Radicke gebracht haben mag.

Seine Farbenskala stimmt mit der Anordnung der Töne in der Tonleiter überein:

Musikalische Benennung	Benennung der Farbe	Bezeichnung der Farbe	Zahl der Aetherschwingungen in einer Sekunde
Einklang: C	Karmoisinroth	R	435 Billionen
Halber Ton: Cis	Hochroth	R′	461 "
Ganzer Ton: D	Feuerroth	O	488 "
Kleine Terz: Dis	Orange	O′	517 "
Große Terz: E	Gelb	G	548 "
Kleine Quarte: F	Gelbgrün	Gr	581 "
Große Quarte: Fis	Blaugrün	Gr′	615 "
Quinte: G	Blau	B	652 "
Kleine Sexte: Gis	Indigoblau	B′	691 "
Große Sexte: A	Violett	V	720 "
Kleine Septime: B	Lilla	V′	775 "
Große Septime: H	Purpur	P	821 "

Aus Meyer's Konversationslexikon, zweite Auflage, 1863.

Wie Newton, so ordnete auch Unger diese Skala zu einem kreisförmigen Schema, der "chromharmonischen Scheibe". Daraus lassen sich nun die Farben, die miteinander harmonieren, erkennen. Unger definiert darüber hinaus Akkorde, Vorschlag, Figuren und andere Begriffe für die Farbtöne in Parallelität zur Musiktheorie.

Infolge von willkürlichen Annahmen und gefühlsmäßigen Abstimmungen ist seine Farb-/Tonzuordnung letzten Endes nur noch scheinbar mathematisch exakt, zumal die Festlegung der Bunttöne durch Farbnamen große Unsicherheiten in sich birgt.

Unger versuchte, an den Werken großer Maler seine Theorie zu verifizieren. Dabei sind jedoch unterschiedliche, ja sogar widersprüchliche Interpretationen möglich. Das Urteil von Helmholtz aus seiner *Optik* soll für eine zusammenfassende Bewertung der Arbeit von Unger stehen:

> *"In seinen factischen Angaben über die harmonisierenden Farben scheint viel Wahres zu sein, was großentheils aus Kunstwerken richtig abstrahirt ist; aber seine Theorie, die Vergleichung mit den musikalischen Verhältnissen, ist etwas gewaltsam erzwungen."* [Nach 84].

Gehen wir zum Abschluß unseres Weges in die Historie noch einmal zu zwei kompetenten Theoretikern der griechischen Musik. Auch sie bringen eine Aussage zum Farb-Tonvergleich.

Ptolemaios sagt in seiner "Harmonik" [77]):

> *"Wenn man zum Beispiel in den Wolken einen Bogen erblickt, so sind die Farben desselben einander so nahe, dass es keine bestimmte Grenze gibt, wenn die eine von der andern unterschieden werden sollte, z.B. der Übergang vom Roten zum Gelben, und dass sich der Bogen in stetiger Veränderung zur folgenden Farbe befindet, indem keine bestimmte Farbe in der Mitte dazwischen liegt, welche beide voneinander trennt. Ebenso ist es auch bei den Tönen; wenn jemand nämlich eine Saite in Schwingung versetzt und dieselbe während der schwingenden Bewegung dreht (anspannt), so geschieht es, dass im Anfang das Tönen ein tieferes ist, beim Drehen aber jener Klang höher wird und daher ein stetiges Tönen eines tiefen und hohen Klanges entsteht ...*
>
> *Wenn nun also einige von den nicht unisonen Stimmen stetig, andere getrennt sind, so sind ‚stetige' solche, deren Differenz untereinander durch ein gemeinschaftliches Ende verbunden wird, und nicht möchte die hohe und tiefe Stimme einen bestimmten Ort haben, welchen sie festhielte. Die ‚getrennten' aber haben eigene Plätze, gleichwie die unvermischten Farben ... Stetige nicht unisone Stimmen sind von der harmonischen Wissenschaft ausgeschlossen ..."*

Wir erkennen aus dieser, sich über Jahrhunderte, ja Jahrtausende hinwegerstreckenden Suche:

Erstens, es herrscht eine zumeist einseitige Richtung der Beziehung zwischen Musiktheorie und Farbenlehre vor. Das System der Musiktheorie sollte der Farbentheorie übergestülpt werden. Dass das seine Schwierigkeiten hatte, lag auf der einen Seite an dem für die Farbenlehre nie in Frage gestellten Kontinuum, auf der anderen Seite an dem durch pythagoreische Traditionen geforderten Harmoniebegriff. Wohl erkannte man, dass auch im Bereich der Musik das Kontinuum sich nicht leugnen läßt; aber die geforderten ganzzahligen Proportionen durften nicht aufgegeben werden!

Zweitens wurde immer wieder der Regenbogen als typisches Modell für die Totalität der Farben hergenommen; in ihm sah man gleichsam eine verkleinerte Abbildung der optisch erfüllbaren Welt. Über ihn ist ein Eindringen in die Welt und ihre Inbesitznahme möglich.

Vielleicht ist die bisher nie in Frage gestellte Richtung der Substitution falsch? Vielleicht ist die andere Richtung die richtige, dass nämlich ursprünglich der Einfluß von einer, wie auch immer gearteten, Farbenlehre auf eine Musiktheorie stattfand? –

Einen Beweis dafür sehe ich in dem Begriff "Chromatik". Die Begriffe Farbton, Farbklang, Farbenakkord, Farbenskala sind nicht von der Musiktheorie auf die Farbenlehre übertragen worden, sondern umgekehrt von einer Farbenlehre auf die Musiktheorie. Die Farbenlehre war das Primäre, die Musiktheorie war logisch abhängig von ihr.

Die chromatische Tonleiter nähert mit ihrer Berechenbarkeit der Abstände zweier benachbarter Töne das Kontinuum an, zudem aber bleiben dabei die Töne distinkt und – für Instrumente und Stimmen – praktikabel; sie ist gleichsam ein Kompromiß zwischen pythagoreischem Denken und der Realität des Kontinuums.

Wir haben bei der Suche nach dem Ursprung des Begriffes "Chromatik" in der Historie keinen schlüssigen Hinweis finden können, somit formulieren wir unsere

These 3:
Der Regenbogen ist das Modell des chromatischen Tongeschlechts und hat ihm seinen Namen gegeben

Teil IV – Der Harmoniegedanke

Einer der nachweisbaren Pythagoreer ist Philolaos, der von 470 – 390 v. Chr. gelebt hat; von ihm stammt ein Text, der den Zusammenhang von Mathematik und Musik behandeln soll. Immer wieder werden die darin zitierten und später übersetzten Begriffe von Oktave, Quinte, Quarte, Halbton, Ganzton und Harmonie weitergegeben und kommentiert.

Das geht sogar so weit, dass – wenn die Aussage dann nicht in die musikalische Interpretation paßt – z. B. Philolaos von van der Waerden mit *"kein logisch denkender Mensch, sondern ein Wirrkopf"* apostrophiert wird. Überhaupt zieht van der Waerden alle Register, um Philolaos als inkompetent hinzustellen: er wirft ihm *"mangelnde Logik"* vor, er hält ihn für einen *"konfusen Denker"*, er meint, *"er redet manchmal Unsinn"*, und dass Philolaos *"in mathematischen Dingen nicht klar denken konnte"*, ist für ihn ausgemachte Sache. (Alle Zitate aus [88]).

Hätte sich doch van der Waerden, den ich als Algebraiker immer hoch geschätzt habe, auf den Urtext bezogen, dann hätte er ganz anders geurteilt! Er bezieht sich aber auf Überlieferungen aus zweiter und dritter Hand, nämlich auf Boetius und Nikomachos, und wird dadurch auf eine falsche Fährte gelockt.

Diesen Philolaos-Text wollen wir uns näher ansehen, ihn einer neuen Übersetzung und Interpretation unterziehen.

Griechischer Text [30]:

περὶ δὲ φύσιος καὶ ἁρμονίας ὧδε ἔχει· ἁ μὲν ἐστὼ τῶν πραγμάτων ἀίδιος ἔσσα καὶ αὐτὰ μὲν ἁ φύσις θείαν γα καιοὐκ ἀνθρωπίνην ἐνδέχεται γνῶσιν πλέον γα ἢ ὅτι οἷόν τ᾽ ἦν οὐθὲν τῶν ἐόντων καὶ γιγνωσκόμενον ὑφ᾽ ἁμῶν γα γενέσθαι μὴ ὑπαρχούσας τᾶς ἐστοῦς τῶν πραγμάτων, ἐξ ὧν συνέστα ὁ κόσμος, καὶ τῶν περαινόντων καὶ τῶν ἀπείρων. ἐπεὶ δὲ ταὶ ἀρχαὶ ὑπᾶρχον οὐχ ὁμοῖαι οὐδ᾽ ὁμόφυλοι ἔσσαι, ἤδη ἀδύνατον ἧς κα αὐταῖς κοσμηθῆναι, εἰμὴ ἁρμονία ἐπεγένετο ὡιτινιῶν ἅδε τρόπωι ἐγένετο. τὰ μὲν ὧν ὁμοῖα καὶ ὁμόφυλα ἁρμονίας οὐδὲν ἐπεδέοντο, τὰ δὲ ἀνόμοια μηδὲ ὁμόφυλα μηδὲ ἰσοταγῆ ἀνάγκα ταῖ τοιαύται ἁρμονίαι συγκεκλεῖσθαι, οἵαι μέλλοντι ἐν κόσμωι κατέχεσθαι.

ἁρμονίας δὲ μέγεθός ἐστι συλλαβὰ καὶ δι᾽ ὀξειᾶν· τὸ δὲ δι᾽ ὀξειᾶν μεῖζον τᾶς συλλαβᾶς ἐπογδόωι. ἔστι γὰρ ἀπὸ ὑπάτας ἐπὶ μέσσαν συλλαβά, ἀπὸ δὲ μέσσας ἐπὶ νεάταν δι᾽ ὀξειᾶν, ἀπὸ δὲ νεάτας ἐς τρίταν συλλαβά, ἀπὸ δὲ τρίτας ἐς ὑπάταν δι᾽ ὀξειᾶν· τὸ δ᾽ ἐν μέσωι μέσσας καὶ τρίτας ἐπόγδοον· ἁ δὲ συλλαβὰ ἐπίτριτον, τὸ δὲ δι᾽ ὀξειᾶνἡμιόλιον, τὸ διὰ πασᾶν δὲ διπλόον. οὕτως ἁρμονία πέντε ἐπόγδοα καὶ δύο διέσιες, δι᾽ ὀξειᾶν δὲ τρία ἐπόγδοα καὶ δίεσις, συλλαβὰ δὲ δύ᾽ ἐπόγδοα καὶ δίεσις.

τὸ πρᾶτον ἁρμοσθέν, τὸ ἕν, ἐν τῶι μέσωι τᾶς σφαίρασ ἑστία καλεῖται.

Übersetzung von Diels [30], der sich auf Böckh bezieht [24]:

"...
6. Mit Natur und Harmonie verhält es sich so: Das Wesen der Dinge, das ewig ist, und die Natur gar selbst erfordert göttliche und nicht menschliche Erkenntnis, wobei es freilich ganz unmöglich wäre, dass irgend etwas von den vorhandenen Dingen von uns auch nur erkannt würde, wenn nicht das Wesen der Dinge zugrunde läge, aus denen die Weltordnung zusammentrat, sowohl der grenzebildenden wie der grenzenlosen. Da aber diese Prinzipien als ungleiche und unverwandte zugrunde lagen, so wäre es offenbar unmöglich gewesen, mit ihnen eine neue Weltordnung zu begründen, wenn nicht Harmonie dazu gekommen wäre, auf welche Weise diese auch immer zustande kam. Das Gleiche und Verwandte bedurfte ja durchaus nicht der Harmonie, dagegen muß das Ungleiche und Unverwandte und ungleich geordnete notwendigerweise durch eine solche Harmonie zusammengeschlossen sein, durch die sie imstande sind, in einer Weltordnung niedergehalten zu werden.

Der Harmonie (Oktave 1:2) Größe umfaßt die Quarte (3:4) und Quinte (2:3). Die Quinte ist aber um einen Ganzton (8:9) größer als die Quarte. Denn von der Hypate (E) bis zur Mese (A) ist eine Quarte, von der Mese zur Nete (E') eine Quinte, von der Nete zur Trite (H, später Paramese) eine Quarte, von der Trite (H) zur Hypate (E) eine Quinte. Zwischen Trite (H) und Mese(A) liegt ein Ganzton. Die Quarte aber hat das Verhältnis 3:4, die Quinte 2:3, die Oktave 1:2. So besteht die Oktave aus fünf Ganztönen und zwei Halbtönen, die Quinte aus drei Ganztönen und einem Halbton, die Quarte aus zwei Ganztönen und einem Halbton.

7. Das zuerst zusammengefügte, das Eins, in der Mitte der Kugel heißt Herd.

8. Eins ist aller Dinge Anfang. ..."

Böckh beruft sich bei seiner Übersetzung auf Nikomachos und Aristides Quintilianus, nach denen die Älteren die Oktave Harmonie nannten. Nikomachos lehrt weiter, dass συλλαβὴ der alte Name für die Quarte (διὰ τεσσάρων) sei, δι' ὀξειῶν die Quinte (διὰ πέντε) bezeichnet habe; das eine, weil es sich um die erste Zusammenfassung konsonierender Töne handele (πρώτη σύλλαψις φθόγγων συμφώνων), das andere, weil diese der Quarte nach dem Hohen folge (ἐπὶ τὸ ὀξὺ προχωροῦσα) [24].

Auf die "Älteren" werden wir später noch zurückkommen. Zunächst wollen wir uns die Übersetzung genauer anschauen.

Der von Böckh übersetzte Text zur Musikharmonie wird später von Diels übernommen und tritt dann wieder bei anderen auf, z. B. bei van der Waerden in seinem Buch [88] oder bei Erwin Schrödinger [83] auf.

> *"... der berühmten Entdeckung des Pythagoras, dass die Unterteilung einer Saite im Verhältnis kleiner ganzer Zahlen (z. B. ½, 2/3, ¾) musikalische Intervalle hervorbringt, die, zur Harmonie eines Liedes komponiert, ..."*

Die übersetzte Passage paßt nun ganz und gar weder zum vorhergehenden noch zum nachfolgenden Text bei Philolaos. Hier wie dort geht es um ontologische und erkenntnistheoretische Fragen, bei denen dieser musiktheoretische Einwurf wie eine Banalität erscheinen muss!

So wird auch von verschiedenen Forschern die Echtheit dieses Fragmentes bezweifelt und taucht bei ihnen gar nicht mehr in der Aufstellung von Philolaos' Werken auf, z. B. bei Kirk [52]. Und wie van der Waerden reagierte, um den Text im Kontext von Mathematik und Musik zu retten, haben wir oben gesehen.

Wir wollen unvoreingenommen eine Übersetzung des Textes wagen.

Zunächst einmal ist zur musikalischen Seite zu sagen, dass die Aufteilung eines Tetrachords mit den angegebenen Größen weder bei Aristoxenos noch bei Ptolemaios zu finden ist!

Nun zur Übersetzung von Böckh (und Diels):

- Die Klammerangaben *(Oktave 1:2)*, *(3:4)*, *(2:3)*, *(E)*, *(A)*, *(E')*, *(H, später Paramese)* stehen nicht im Urtext und sind demnach manipulativ.

- μέγεθος ist nicht unbedingt die **Größe** im Sinne von **Summe**, sondern im Sinne von **Bedeutung.**

- ἔστι heißt *ist*, und nicht **umfasst**.

- συλλαβά kommt von συλλαμβάνειν und heißt *das Zusammenfassen, das Umfassen, das Ergreifen, das Verstehen,* das **Verständnis**, *die Empfängnis, die Silbe,* und nicht *die Quarte!*

- δι' ὀξειᾶν. Hier stecken drin die Wörter δία = *wegen, durch, aus*; in Zusammensetzung bezeichnet es *die Erstreckung bis ans Ende* (**räumlich und zeitlich**), *das Gemischtsein* und des weiteren ὀξύς = *scharf, schneidend,* (für den inneren Sinn) *empfindlich, reizbar, heftig, rasch, schnell.* Daher könnte man δι' ὀξειᾶν übersetzen mit *das, was sich bis ans Ende* *der Empfindsamkeit, Emotionen erstreckt.* Jedenfalls steckt in dem Wort nichts von **Quinte!**

- ὑπάτα heißt *die Höchste, die Oberste.*

- μέσσα heißt *die in der Mitte.*

- νεάτα heißt *die Neueste, Jüngste, Letzte.*

- ἐπόγδοον bedeutet *ein Achtel mehr* oder *ein Ganzes und ein Achtel,* und heißt nicht *ein Ganzton!*

- ἐπίτριτον heißt entsprechend *ein Drittel mehr* oder *ein Ganzes und ein Drittel* ; im Urtext steht nichts von **Verhältnis!**

- ἡμιόλιον bedeutet *das Anderthalbfache,* auch hier steht nichts von **Verhältnis!**

- τὸ διὰ πασᾶν heißt wörtlich *über das Ganze hin* und nicht *die Oktave,* und διπλόον heißt *das Doppelte* ; auch hier wird nicht von **Verhältnis** gesprochen!

- δίεσις = *das Durchlassen, das Zerlassen.* Aus dem Wortstamm διεῖμι = *fortwährend sein* könnte man *das fortwährende Sein* herauslesen. Die Übersetzung **Halbton** ist eine Interpretation.

- ἁρμμονία heißt die **Harmonie**, und nicht die **Oktave!** (Offensichtlich hat man aus der Anzahl der Faktoren auf eine Tonanzahl „acht" geschlossen.)

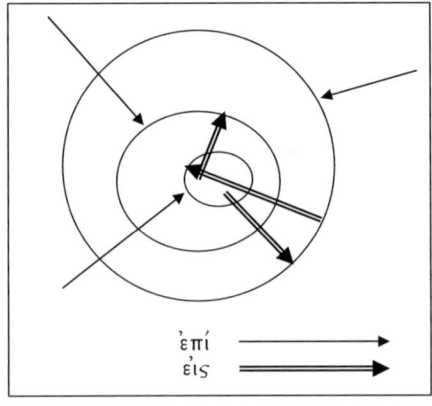

— Im Urtext liegt eine Unterscheidung der Richtung vor, nämlich durch ἐς (εἰς) und ἐπί. - εἰς bedeutet *hinein,* und ἐπί heißt *auf.* In der Übersetzung wird das nicht berücksichtigt.

Ein weiterer Zeuge für meine Auffassung, dass es sich hier nicht um die zeitgenössische Beschreibung der damaligen Musiktheorie handeln kann, ist der bereits erwähnte Mathematiker Archytas. Er befasste sich ausführlich mit musikalischen Phänomenen.

Wir bringen hier die Übersetzung von Archytas' Aussage nach Diels [30].

"1. Treffliche Erkenntnisse scheinen mir die Mathematiker gewonnen zu haben, und es ist gar nicht sonderbar, dass sie über die Beschaffenheit der einzelnen Dinge richtig denken. Denn da sie über die Natur des Alls treffliche Erkenntnisse gewonnen haben, mussten sie auch für die Beschaffenheit der Dinge im einzelnen einen trefflichen Blick gewinnen. So haben sie uns denn auch über die Geschwindigkeit der Gestirne und über ihren Auf- und Untergang eine klare Einsicht überliefert und über Geometrie, Zahlen und Sphärik und nicht zum mindesten auch über Musik. Denn diese Wissenschaften scheinen verschwistert zu sein. Denn sie beschäftigen sich mit den beiden verschwisterten Urgestalten des Seienden.

Zuerst nun überlegten sie sich, dass unmöglich ein Schall entstehen könne, ohne dass ein gegenseitiger Anschlag von Körpern stattfände. Anschlag aber, behaupteten sie, entstünde dann, wenn die in Bewegung befindlichen Körper sich gegenseitig treffen und zusammenstoßen. Diejenigen Körper nun, die in entgegengesetzter Richtung sich bewegen und einander begegnen, brächten den Schall hervor, indem sie sich hemmen; diejenigen Körper aber, die sich in gleicher Richtung aber mit ungleicher Geschwindigkeit fortbewegten, brächten den Schall hervor, indem sie, von den nachkommenden eingeholt, getroffen würden. Viele von diesen Schällen könnten nun mit unserer Natur nicht erfasst werden, teils wegen des schwachen Anschlags, teils wegen der weiten Entfernung von uns, einige auch wegen ihrer außerordentlichen Stärke. Denn die gewaltigen Schälle könnten nicht in unser Ohr eindringen, wie sich ja auch in die enghalsigen Gefäße, sobald man viel eingießen will, nichts eingießen läßt.

Von den an unseren Sinn anschlagenden Schällen erscheinen uns nun die, welche schnell und stark von dem Anschlage her zu uns dringen, hoch, die aber langsam und schwach, tief zu sein. Denn nimmt man eine Gerte und bewegt sie langsam und schwach, so wird man mit dem Schlage einen tiefen Schall hervorbringen, bewegt man sie aber rasch und stark, einen hohen. Aber nicht nur hierdurch können wir dies erkennen, sondern auch: wollen wir beim Reden oder Singen etwas laut und hoch klingen lassen, so werden wir mit Anwendung starken Atems ... (Text fehlt; ergänzt bei Diels: ... zum Ziel gelangen, wollen wir aber leise oder tief sprechen, so werden wir schwachen Atem anwenden).

Ferner kommt auch das vor zum Beispiel bei Geschossen. Die kräftig abgeschleuderten fliegen weit, die schwach, in die Nähe. Denn den kräftig geschleuderten gibt die Luft stärker nach, den schwach dagegen weniger.

Dasselbe trifft aber auch auf die Töne zu : ein Ton, der unter starkem Atemstoß hervorgebracht wird, wird stark und hoch klingen, unter schwachem Atemstoß dagegen schwach und tief. Doch können wir es auch an diesem kräftigsten Beispiele sehen, dass nämlich derselbe Mensch mit lauter Stimme sich uns weithin vernehmlich macht, mit leiser dagegen nicht einmal in der Nähe. Doch auch bei den Flöten: stürzt die aus dem Munde gestoßene Luft in die dem Munde zunächst liegenden Löcher, so gibt sie infolge des starken Druckes einen höheren Klang von sich, dringt sie dagegen in die weiter abgelegenen, einen tieferen. Daraus ergibt sich klar, dass die schnelle Bewegung den Klang hoch, die langsame tief macht. Doch auch bei den in den Mysterienweihen geschwungenen Waldteufeln geschieht genau dasselbe: langsam geschwungen geben sie einen tiefen Klang von sich, heftig dagegen, einen hohen. Doch auch das Rohr wird, wenn man sein unteres Ende verstopft und hineinbläst, uns einen tiefen Ton geben; bläst man dagegen in die Hälfte oder sonst einen beliebigen Teil von ihm, so wird es hoch klingen. Denn dieselbe Luft strömt durch einen lang gestreckten Raum langsam, durch einen kürzeren heftig aus."

Er spricht sodann noch weiter über die Proportionalität der Stimmbewegung und schließt seine Darlegung mit folgenden Worten:

"Dass nun also die hohen Töne sich schneller bewegen, die tiefen langsamer, ist uns aus vielen Beispielen deutlich geworden."

Wir sehen: Archytas läßt sich ausführlich über die Entstehung von Schall, über das Verhältnis von Geschwindigkeit und Tonhöhe oder Schwingungshöhe und Tonhöhe oder Anstossstärke und Tonhöhe aus. Diese Aussagen sind rein qualitativer Natur! Archytas, der anerkannte Mathematiker, gibt in keinem Falle eine quantitative Angabe, weder 2:1 für die Oktave, noch 3:2 für die Quinte, noch 4:3 für die Quarte! – Nichts!

Eine bereinigte Übersetzung des fraglichen Philolaos-Textes bringt nun aber folgende Inhalte:

"Die Bedeutung der Harmonie liegt darin, dass sie zusammenfasst und dass sie durchdringt." (Ich ergänze und schiebe ein: "Und was die Zahlen angeht:) *Die Durchdringung übertrifft die Zusammenfassung um 1/8 .*

Von dem äußersten (χορδή = Band ist zu ersetzen) *auf das mittlere ist es nämlich eine Zusammenfassung, von dem mittleren auf das unterste eine Durchdringung; von dem untersten in das Dritte ist es eine Zusammenfassung, von dem Dritten in das äußerste Band eine Durchdringung.*

Zwischen mittlerem und dritten Band ist ein (Größen-) Unterschied von 9/8.

Die Zusammenfassung ist 4/3, die Durchdringung 3/2, über alles aber ist das Doppelte."

Bevor wir nun eine These formulieren, machen wir einen Abstecher in die Mythologie der Griechen.

In seiner Schrift [83] legt Erwin Schrödinger die heutige Misere von Wissenschaft und Metaphysik offen, die Unfähigkeit nämlich, die Ergebnisse der Forschung und des Denkens der Gegenseite wenigstens zu akzeptieren, wenn nicht gar zur Basis der eigenen Vorgehensweise zu machen. Die Unfähigkeit, die zu einer Blockade in der Sicht des Eigentlichen und Wesentlichen im Menschsein führt. Schrödinger:

"... da stehen wir vor der Wand, welche die ‚beiden Wege' scheidet, den des Herzens und den des reinen Verstandes."

Rückschauend in die Wissenschaftsgeschichte sieht Schrödinger ein Verflachen, ja ein Verschwinden dieser Mauer in der Philosophie der Griechen. Bei ihnen gab es keine Beschränkungen von Themen; jeder Denker durfte über jedes Thema seine Meinung abgeben: es gab nur einen Weg zum Wissen und zur Erkenntnis. Und so konnte Platon neben mathematischen Gedanken auch mythologische Geschichten bringen, ohne dass er deshalb von irgend jemandem gerügt worden wäre.

Und so wollen auch wir einen kleinen Blick in die Mythologie der Griechen werfen, darauf vertrauend, hieraus Erkenntnisse bei unseren Untersuchungen zu gewinnen.

In *Protagoras* finden wir die von Platon überlieferte Geschichte des Prometheus [72].

Es war einst eine Zeit, in welcher es zwar Götter gab, sterbliche Wesen aber noch nicht. Als nun aber auch für diese die vom Schicksal bestimmte Zeit ihrer Erzeugung gekommen war, da bilden die Götter sie in der Erde Schoß aus einer Mischung von Erde und Feuer und allem dem, was sich mit beiden verbindet. Und als sie diese nun ans Licht zu fördern gedachten, da trugen sie dem Prometheus und Epimetheus auf, sie auszustatten und einem jeden von ihnen seine Kräfte zuzuteilen nach Gebühr.

Den Prometheus aber bittet Epimetheus, ihm allein die Austeilung zu überlassen. "Wenn ich damit fertig bin", sprach er, "kannst du es ja in Augenschein nehmen." Prometheus gab nach, und so übernahm er denn die Verteilung.

Dabei nun verlieh er einigen Stärke ohne Schnelligkeit; andere, Schwächere, stattete er dafür wieder mit Geschwindigkeit aus; einige versah er mit Waffen, anderen, denen er eine wehrlose Natur gab, sann er ein anderes Schutzmittel aus. Die er nämlich von ihnen in Kleinheit gehüllt hatte, denen teilte er geflügelte Flucht oder unterirdische Behausung zu, andere dagegen, die er durch Größe erhob, die beschützte er auch eben durch diese. Und so verteilte er ausgleichend auch alles übrige. Das ersann er aber, um dem vorzubeugen, dass irgend eine Gattung ausgerottet werde.

Nachdem er ihnen aber so Mittel verschafft hatte, der wechselseitigen Vertilgung zu entrinnen, ersann er ihnen Schutz gegen den von Zeus herrührenden Wechsel der Jahreszeiten, indem er sie mit dichten Haaren und starken Fellen umkleidete, die da hinreichend waren, die Kälte, und ebenso vermögend, die Hitze abzuwehren, und in denen, wenn sie ihre Lagerstätten aufsuchten, zugleich ein jedes seine ihm eigene und mit ihm selber verwachsene Lagerdecke habe, und indem er sie ferner unten an den Füßen teils mit Hufen, teils mit Nägeln und starken und blutlosen Schwielen versah. Hierauf verschaffte er den einen diese, den anderen eine andere Nahrung; den einen der Erde Kräuter, den andern der Bäume Frucht, und noch anderen Wurzeln; einigen auch wies er andere Tiere zu ihrer Nahrung an. Und diesen gewährte er nur geringe Fortpflanzung, denen aber, die ihnen zum Fraße dienen, eine starke, um so ihre Gattung zu erhalten.

Weil nun aber Epimetheus eben nicht sehr weise war, so entging es ihm, dass er bereits alle vorhandenen Kräfte verwandt hatte, und nun blieb ihm noch unausgestattet das Menschengeschlecht zurück, und er wusste nicht, was er mit diesem anfangen sollte. In dieser seiner Ratlosigkeit findet ihn Prometheus, als er kommt, um die Verteilung zu besichtigen, und erblickt alle andern Geschöpfe angemessen mit allem versehen, den Menschen aber nackt, ohne Fußbekleidung und Decke und ohne Bewaffnung.

Und schon war auch der vom Schicksal bestimmte Tag erschienen, an welchem auch der Mensch aus der Erde ans Licht hervortreten sollte. In seiner Verlegenheit nun, welches Mittel zum Schutze und zur Erhaltung desselben er ausfindig machen sollte, stiehlt Prometheus des Hephaistos und der Athene kunstreiche Weisheit zusamt dem Feuer – denn es war unmöglich, dass sie ohne das Feuer von irgend jemandem erworben oder ihm nützlich werden konnte – und beut sie also zur Gabe dem Menschen.

So gelangte nun auf diese Weise allerdings der Mensch zu der für das tägliche Leben erforderlichen Einsicht; aber die staatsbürgerliche besaß er noch nicht. Denn diese war beim Zeus, und dem Prometheus war noch nicht der Weg auch in die Burg, die Behausung des Zeus, eröffnet, und überdies hatte noch Zeus furchtbare Wachen davorgestellt; sondern nur in der Athene und des Hephaistos gemeinsame Wohnung, in welcher sie ihrer Liebe zur Kunst nachgingen, weiß er sich einzuschleichen, stiehlt hier die im Feuer schaffende Kunst des Hephaistos und die andere, die der Athene (= die Weisheit), und schenkt sie dem Menschen; und von da an beginnt für den Menschen die Bequemlichkeit des Lebens; den Prometheus aber erreichte durch des Epimetheus Schuld nachmals, wie die Sage geht, die Strafe für seinen Diebstahl.

Da aber so der Mensch teilhatte an den Vorzügen der Götter, war er erstens wegen dieser Verwandtschaft unter allen Geschöpfen das einzige, welches an Götter glaubte, und begann Altäre und Götterbilder zu errichten; ferner aber gestaltete er Sprache und Worte durch seine Kunstfertigkeit aus und erfand sich Wohnung, Kleidung, Beschuhung und Betten, sowie seine Nahrung aus den Gewächsen der Erde...

Hesiod, ein griechischer Dichter, der um 700 v. Chr. lebte, empfing nach eigenem Bericht von den Musen des Berges Helikon die Dichterweihe. In seinem Hauptwerk, der *Theogonie*, besingt er in 1022 Versen die Entstehung der Welt und den Ursprung der Götter, wobei er teilweise auf vorgeschichtliche Mythen zurückgreift.

Bei ihm finden wir die Erzählung, wie denn die Bestrafung und schließlich die Erlösung des Prometheus aussah [42].

Mit unzerbrechbaren Klammern aber band er (Hephaistos) Prometheus, den vielfältig planenden, und trieb einen Pfosten mitten durch die schlimmen Fesseln und sandte ihm dazu den schwingenbreitenden Adler; und der fraß nun die Leber, die unvergängliche, die aber wuchs nach, nach allen Seiten, in der Nacht,

> *in gleichem Maß, wie sie über den langen Tag hin*
> *der flügelbreitende Vogel gefressen hatte.*
> *Ihn aber tötete dann der schlankfüßigen Alkmene*
> *Wehrhafter Sohn Herakles,*
> *wehrte ab von Japetos Sohn die schlimme Plage,*
> *und erlöste ihn von diesem Leiden,*
> *nicht ohne den Willen des Zeus, des Olympiers.*
> *Der Herrscher der Höhe,*
> *...*
> *und, obwohl ergrimmt, ließ er von dem Groll,*
> *den er vorher gehabt,*
> *weil jener streitend sich messen gewollt*
> *im klugen Planen mit dem übermächtigen Kronossohn.*

Licht und Feuer und die damit verbundene Weisheit waren zunächst also den Göttern vorbehalten, bis Prometheus sie den Menschen brachte, was ihm eine ungeheure Strafe verursachte. Die Menschen wurden aber damit "sehend, die Welt erkennend", konnten Zivilisationen, Kulturen und vor allem Technologien, wie wir heute sagen würden, entwickeln. Dabei zeigt die Menschheitsgeschichte, dass leider der Aspekt der Weisheit meistens dem von Licht und Feuer wiechen muss. So sind Feuer und Licht nicht immer Anlass zur Freude und Hoffnung, sondern auch zur Angst und Besorgnis.

Zur Abrundung dieser Geschichte sei noch gesagt, dass "Epimetheus" *"der nachher Überlegende"* und "Prometheus" *"der voraus Bedenkende, der für (andere) Sorgende"* heißt.

Seit Beginn der menschlichen Geschichte beschäftigt der Regenbogen die Phantasie des Menschen; er ist eine Quelle des Mythos und des Staunens, aber auch einer wissenschaftlichen Beschäftigung mit dem Licht. Es ist nicht verwunderlich, dass bei den alten Griechen auch hinter dieser Naturerscheinung eine Göttin bzw. ein Gott oder eine göttliche Botschaft gesehen wurde.

Hesiod stellt uns in seiner Theogonie auch die Personifizierung des Regenbogens vor; es ist die Geschichte der Göttin Iris [42].

> Thaumas aber führte heim
> Des tiefströmenden Okeanos Tochter Elektra.
> Sie gebar die schnelle Iris
> Und die schönhaarigen Harpyien,
> Aello und Okypete.
> Die ja mit dem Blasen der Winde
> Und den Vögeln mithalten auf schnellen Fittichen,
> denn hoch in den Lüften stürmen sie dahin ...

Nun sind Erklärungen einiger Namen vonnöten.

In „Thaumas" steckt θαῦμα = Wunder, Verwunderung, Staunen; Thaumas ist der Gott des Wunders!

In "Elektra" verbirgt sich ἤλεκτρον, was Glanz bedeutet und dann sprachlich verwendet wird für Hellgold oder Bernstein, Bernsteinkorallen, und schließlich weist es auf die Bernsteinverzierung an der Leier.

"Aella" ist der Sturmwind, der Wirbelsturm, und hat der einen Harpyie den Namen gegeben. In dem Namen der anderen steckt ὀξύπους, was so viel wie "schnellfüßig" heißt. So werden auch mitunter die beiden Harpyien Wirbelsturm und Fußschnell genannt.

Der Regenbogen wird als Bindeglied zwischen Göttern und Menschen, zwischen Himmel und Erde angesehen: Iris ist die Botin der Götter zu den Menschen! An mehreren Stellen in Homer's Ilias tritt sie so in Erscheinung [50]:

2. Gesang, Vers 786 ff
Doch zu den Troern kam die windschnell eilende Iris
her vom wetterleuchtenden Zeus mit der schmerzlichen Botschaft...

3. Gesang, Vers 121 ff
Iris brachte indessen der schimmernden Helena Botschaft,
deren Schwägerin gleich, ...

15. Gesang, Vers 158 ff
Eilende Iris, mache dich auf zum Herrscher Poseidon
...
Also sprach er; da folgte die windesbeflügelte Iris,
eilte vom Idagebirge zur heiligen Ilios nieder...

18. Gesang, Vers 165 ff
Und er hätt' ihn entrafft und unendlichen Ruhm sich erworben,
wäre nicht gleich dem Peliden die windesbeflügelte Iris
eilend als Botin genaht vom Olympos, er solle sich wappnen,
Zeus und den andren Göttern geheim, entsendet von Here...

23. Gesang, Vers 198 ff
... Die hurtige Iris
hatte sein Flehen gehört und kam zu den Winden als Botin ...

24. Gesang, Vers 77 ff
Sprach's; da erhob sich die sturmesgeschwinde Iris zur Botschaft.
Zwischen Samos und Imbros, der wildzerklüfteten Insel,
sprang sie ins finstere Meer, und es brausten die Wasser des Sundes.
Gleich einer bleiernen Kugel, so tauchte sie schnell in die Tiefe ...

24. Gesang, Vers 144 ff
Eile dich, hurtige Iris, verlass den Sitz des Olympos,
bring' nach Ilios gleich dem würdigen Priamos Botschaft,
...
Sprach's; da erhob sich die sturmesgeschwinde Iris zur Botschaft, ...

Iris ist nach diesen Zeugnissen einmal Botin des Zeus, zum anderen der Hera, und wieder ein anderes Mal bringt sie aus eigenem Antrieb den Menschen Ratschläge. Bei Euripides dann wird sie zur speziellen Dienerin der Hera (während Zeus für sich den Hermes erwählt). Kallimachos beschreibt, wie Iris unter dem Thron der Göttin Hera kauert, um augenblicklich auf deren Geheiß Botschaften an die Menschen überbringen zu können.

Nicht nur bei den Griechen, auch in anderen Kulturen, bei den Juden, den Indianern, Polynesiern und in der Edda, wurde der Regenbogen, der farbenschillernde Halbkreis zwischen Himmel und Erde, zu einer Brücke, die beide Welten, Diesseits und Jenseits, die Welt Gottes oder der Götter und die der Menschen, verband. Hier zwei Beispiele:

Im 1. Buch Mose besiegelt das Erscheinen des Regenbogens den Bund zwischen Jahwe und Noah. Er verspricht: Nie wieder wird Gott die Welt zerstören.

In der Edda schlagen die Götter eine Brücke, Befröst, den bebenden, zitternden, beweglichen Weg, den Regenbogen, der von Heimdall bewacht wird. Sie erglänzt in drei Farben und ist in außerordentlicher Festigkeit und großer Kunstfertigkeit erbaut. Und doch wird sie zerbrechen. Die Götter werden sie das letzte Mal betreten, wenn die Götterdämmerung hereinbricht. Dann wird der Regenbogen zerstört [29].

Der Mythos der Göttin Iris, manifestiert im Regenbogen, weist auf die Stufen hin, die der Mensch bei der geistigen Inbesitznahme der Welt hinaufsteigt: er sieht, er wundert sich und staunt über das Seiende, er wird zum Nachdenken angeregt und gewinnt schließlich Einblick in die Welt, Erkenntnisse über das Seiende und das Sein.

Iris, Regenbogen und Götterbotin, hervorgegangen aus dem Meer und dem Wundergott Thaumas, geboren aus Wasser und Wunder! Und so sagt Platon [74]:

> *"Denn dies ist der Zustand eines gar sehr die Weisheit liebenden Mannes, das Erstaunen; ja es gibt keinen anderen Anfang der Philosophie als diesen, und wer gesagt hat, Iris sei die Tochter des Thaumas, scheint die Abstammung nicht übel getroffen zu haben."*

Und Zajonc schreibt [90]:

> *"Die Genealogie des abendländischen Denkens liegt im Staunen des Menschen über den Regenbogen begründet ..."*

Rationale Erklärungen für das Auftreten des Regenbogens hat es nach der Zeit der Mythologie schon gegeben. Bereits Anaximenes sagte, der Regenbogen entstände durch den Einfall von Sonnenstrahlen in dichte Luftschichten, die sie nicht durchdringen könnten (Von Aetios und Aratos überliefert; [30]).

Bei Aristoteles heißt es:

> *"Iris ist eine Spiegelung (im Gegensatz zu wirklichem Wesen); sie ist die Reflektion eines Abschnitts der Sonne oder des Mondes, gesehen wie in einem Spiegel auf einer feuchten, konkaven und dem Augenschein nach zusammenhängenden Wolke, als Kreislinie gesehen ..."* [13].

Es ist aber festzustellen: Der Regenbogen bleibt ein geheimnisvolles Phänomen, wenn auch schon griechische Denker eine rationale Erklärung versucht haben und er erst recht heute naturwissenschaftlich erklärt werden kann. Iris ist heute noch so schön und unfassbar wie im antiken Griechenland. Das Staunen, das in allen Geschichten zu Iris und dem Regenbogen zum Ausdruck kommt, ist die Wurzel aller Philosophie und die Grundlage aller Wissenschaft!

Naturwissenschaftlich gesehen ist der Regenbogen eine detaillierte Sicht des Lichtes; in ihm zeigt sich die Totalität aller Farben, aus denen das Licht letzten Endes besteht.

In den Kreisausschnitten der Farbenbänder geht es von Rot (außen) mit der Wellenlänge von 780 – 600 nm bis zum inneren Kreis mit Violett, das eine Wellenlänge im Bereich von 380 – 430 hat. Über diese beiden Grenzen hinaus ist das unsichtbare Licht angesiedelt, das wir Infrarot bzw. Ultraviolett nennen. Die Frequenzen verhalten sich reziprok und weisen, wie die Wellenlänge, ein Verhältnis von fast genau 1:2 für kleinsten und größten Wert auf!

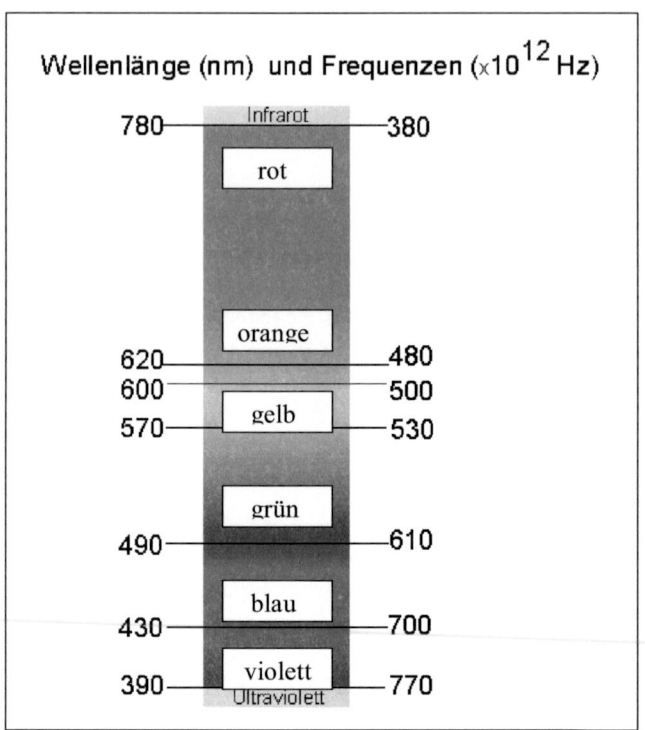

Wenn wir nun noch bedenken, dass Schwarz die Abwesenheit von jeglichem Licht bedeutet, Weiß aber aus Wellen aller sichtbaren Wellenlängen besteht, dann sollten wir bei solchen Indizien versuchen, den Text des Philolaos in einer neuen Interpretation auf das Licht im allgemeinen und auf den Regenbogen im besonderen zu beziehen. –

> *"Die Bedeutung der Harmonie liegt darin, dass sie zusammenfasst und dass sie durchdringt."* –

Das ist die zentrale Aussage des gesamten, uns hier interessierenden Textes. Es folgt dann die pythagorisierende Quantifizierung der beiden Attribute der Harmonie, und zwar lediglich relativ zueinander!

> *"Die Durchdringung übertrifft die Zusammenfassung um 1/8."*

Hiernach folgt der Beweis für diese Behauptung am Regenbogen:

> *"Von dem äußersten (es ist wieder zu ersetzen χορδή = Band) auf das mittlere ist es nämlich eine Zusammenfassung, von dem mittleren auf das unterste eine Durchdringung; von dem untersten in das Dritte ist es eine Zusammenfassung, von dem Dritten in das äußerste Band eine Durchdringung."*

Wir machen darauf aufmerksam, dass Philolaos vom äußersten und innersten, vom dritten und mittleren Band spricht, nicht aber von einer bestimmten Anzahl. Er erkennt: es gibt unendlich viele Bänder im Regenbogen!

Das 1/8, von dem oben gesprochen wurde, befindet sich in der Mitte von mittlerem und dritten Band, und jetzt folgt die absolute Quantifizierung der beiden Attribute (bezogen auf die 1!):

> *"Die Zusammenfassung ist 4/3, die Durchdringung ist das Anderthalbfache, und über das gesamte ist das Doppelte."*

Das mittlere Band ist damit – berechnet über die Wellenlänge – 780:(4/3) = 585, die Mitte von gelb; das dritte Band entsprechend 780:(3/2) = 520, die Mitte von grün. Philolaos sieht also den Regenbogen mit den vier Farben Rot, Gelb, Grün und Violett!

Über die Anzahl der Farben im Regenbogen werden sich die Gelehrten und Beobachter nie ganz einig. Sie reichte von zwei (Blaugrün und Rot z. B. bei Gregor dem Großen) bis hin zu tausend, von denen bei Vergilius Romanus aus dem 4. Jh. gesprochen wird. Platon wagte die Zahl, wie wir oben bereits gesehen haben, gar nicht anzugeben.

(Nach Gage [36] erkannte im 19. Jh. ein junger Beobachter im Regenbogen die 4 Farben Rot, Gelb, Grün und Blau; diese gleiche Gruppe hat auch im 14. Jh. Theoderich von Freiberg vertreten!)

Äußerst aufschlussreich ist die Aussage von Aristoteles zur Anzahl der Regenbogenfarben [13]. Er läßt sich ausführlich aus über den Regenbogen und weist ihm nur drei und genau drei Farben zu, Rot, Grün und Violett. Einschränkend aber gesteht er ein, dass

> *„Doch erscheint oft zwischen Rot und Grün ein gelbes Band..."* und *"man noch den Eindruck der orangegelben Farbe hat ... Im Regenbogen steht Orangegelb zwischen Rot und Grün."* [13].

Für Aristoteles ist die Dreizahl ein Sinnbild von Ordnung und Logos in der Natur und führt hier zu einer *"Verbohrtheit"*, ist eine *"unzulässige Auffassung"* oder *"nonsense"* (Anmerkungen von Strohm in [13]. Das substantielle Dasein von Orangegelb wird von Aristoteles negiert, indem er diese Farbe auf eine Kontrastwirkung, was immer das auch sei, zurückführt.

Sicherlich ist es schwer, bei den kontinuierlichen Übergängen der einzelnen Farben sich auf eine bestimmte Anzahl festzulegen. Philolaos hebt zunächst vier Farben hervor; in seinem weiteren Text aber weist er auf die feinen vielzahligen Übergänge hin: Da das Licht sich im relativen Bereich von 1 bis 2 befindet,

"So hat die Harmonie fünfmal 1/8 und zweimaliges Durchscheinen. Die Durchdringung hat dreimal 1/8 und einmaliges Durchscheinen, die Zusammenfassung aber zweimal 1/8 und ein Durchscheinen."

Da hier außer der Position von Grün und Gelb keine Reihenfolge vorgeschrieben ist, kommen wir zu neun Zahlentupel der Abstände.

$\frac{1}{8}$	$\frac{1}{8}$	$\frac{243}{256}$	$\frac{1}{8}$	$\frac{1}{8}$	$\frac{1}{8}$	$\frac{243}{256}$
$\frac{243}{256}$	$\frac{1}{8}$	$\frac{1}{8}$	$\frac{1}{8}$	$\frac{243}{256}$	$\frac{1}{8}$	$\frac{1}{8}$
$\frac{1}{8}$	$\frac{243}{256}$	$\frac{1}{8}$	$\frac{1}{8}$	$\frac{1}{8}$	$\frac{243}{256}$	$\frac{1}{8}$
$\frac{1}{8}$	$\frac{1}{8}$	$\frac{243}{256}$	$\frac{1}{8}$	$\frac{243}{256}$	$\frac{1}{8}$	$\frac{1}{8}$
$\frac{1}{8}$	$\frac{1}{8}$	$\frac{243}{256}$	$\frac{1}{8}$	$\frac{1}{8}$	$\frac{243}{256}$	$\frac{1}{8}$
$\frac{243}{256}$	$\frac{1}{8}$	$\frac{1}{8}$	$\frac{1}{8}$	$\frac{1}{8}$	$\frac{1}{8}$	$\frac{243}{256}$
$\frac{243}{256}$	$\frac{1}{8}$	$\frac{1}{8}$	$\frac{1}{8}$	$\frac{1}{8}$	$\frac{243}{256}$	$\frac{1}{8}$
$\frac{1}{8}$	$\frac{243}{256}$	$\frac{1}{8}$	$\frac{1}{8}$	$\frac{1}{8}$	$\frac{1}{8}$	$\frac{243}{256}$
$\frac{1}{8}$	$\frac{243}{256}$	$\frac{1}{8}$	$\frac{1}{8}$	$\frac{243}{256}$	$\frac{1}{8}$	$\frac{1}{8}$

Wie sich daraus berechnen lässt, kommt Philolaos letztlich – in unserer Terminologie gesprochen – auf 12 verschiedene Wellenlängen für das Licht:

390 - 411 - 439 - 463 - 494 - 520 - 585 - 616 - 658 - 693 - 740 - 780.

Nach all diesen Indizien, dass die Pythagoreer zumindest eine Ahnung über die Art und Bedeutung des Lichtes hatten, fragen wir uns, warum sie denn nicht deutlich und unverschleiert diese Kenntnis abgehandelt und diskutiert haben.

Mögliche Antworten: Kann es nicht sein, dass es Theorien über die Entstehung der Welt, das Licht, die Farben gab, die aber zu den Geheimnissen der Pythagoreer gehörten, die verpflichtet waren, sie gegenüber der Umwelt geheim zu halten?

Kann es nicht sein, dass es noch lange nach der Mythos-geprägten Zeit ein Tabu war, über Farben und Licht zu theoretisieren und sie mit der Entstehung von Welt, Lebewesen und Mensch in Verbindung zu bringen? Erinnern wir uns nur des Schicksals des Prometheus oder – in der christlichen Überlieferung – des Luzifer! – War es da nicht einfacher, unverbindlicher und ungefährlicher, sich mit einer fernen Planetenmusik abzugeben?

Nach all den hier zusammengetragenen Indizien formulieren wir die

These 4:

Der Regenbogen ist bei den Pythagoreern das Sinnbild der Harmonie

Teil V: Platon als Zeuge der Thesen

In seinem Dialog *Timaios* bringt Platon die mythische Geschichte der Erschaffung der Weltseele, die offensichtlich eine Vertiefung und Ergänzung der von uns zitierten Gedanken Philolaos' darstellen.

Sie wird von einigen Übersetzern und Interpreten entsprechend mit den Ideen der musikalischen Harmonie besetzt; bei der Übersetzung durch Apelt [75] finden wir z. B. einen mehrseitigen Kommentar, der die Musiktheorie auch in diesem Text verankern will. Bisweilen wird in diesem Zusammenhang sogar von der *"Tonleiter des Timäus"* gesprochen. So bei Frank, den ich hier zitieren möchte:

> *"Er (Platon) knüpft an die merkwürdige Tatsache an, dass in den Proportionen der Oktave, Quinte und Quarte nur die ersten Zahlen (1,2,3,4) vorkommen und glaubt, dass das für das Wesen der Konsonanz überhaupt entscheidend sei und dass man darum die ganze Tonleiter rein a priori durch Kombination dieser vier Zahlen konstruieren könne. Die Tonleiter, die er im Timäus auf dieses Weise durch Zahlenspekulation erhält, ist natürlich ein rein spekulatives Hirngespinst, eine metaphysische Konstruktion und hat mit den Tonleitern der wirklichen griechischen Musik kaum etwas gemein ..."* [34].

Frank ist der Meinung, dass Philolaos in der Mitte des 4. Jh. lebte; über diesen sagt er:

> *"... und folgt der rein zahlenspekulativen Methode Platons. Dieser Philolaos knüpft unmittelbar an die Zahlen der Timäus-Tonleiter an ..."* [34].

Man findet dort weitere Hinweise auf die "Timäus-Tonleiter" und sogar ein ganzes Kapitel mit der dicken Überschrift: *"Die Tonleiter des Timäus und ihre Geschichte."*

Welche abenteuerlichen Gedankenwege gegangen werden, um die Existenz dieser Tonleiter zu verifizieren, kann man bei Ahlvers [2] nachvollziehen. Mit den gefundenen Zahlen in dem Text zur "Timäus-Tonleiter" gewinnt man leider keine Terz, die aber doch auch zur Homophonie der griechischen Musik gehörte. Was also machen? Ganz einfach: Ahlvers konstruiert aus den im weiteren Text des Timäus vorkommenden Seiten- und Winkelgrößen von Dreiecken, mit denen Platon die regulären Körper herleitet, Zahlen – und das sind dann für ihn Hinweise auf die Existenz der Terz!

Unmissverständlich sei hier schon einmal gesagt, dass im besagten Text des Timaios kein einziges Wort von einer Tonleiter zu finden ist! Nicht zuletzt deshalb

lohnt es, den Urtext zur Erschaffung der Seele, um die es hier bei Timaios geht, wörtlich mit zu verfolgen.

Ich teile dabei die von Platon vorgestellte Schöpfungsgeschichte zur Verdeutlichung in mehrere Phasen ein.

Timaios, ab 35a [76]:

Phase 1

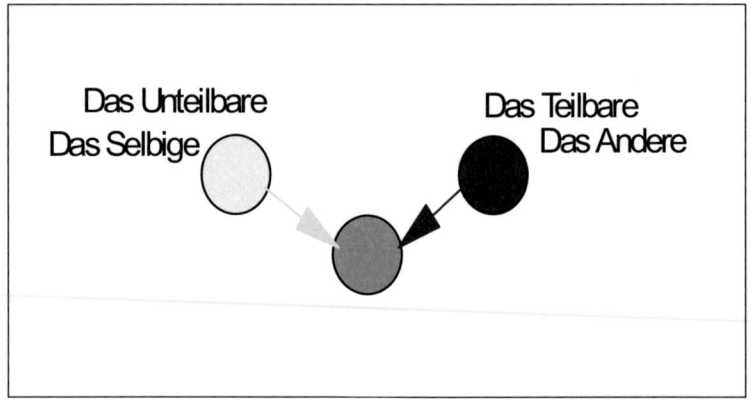

Τῆς ἀμερίστου καὶ ἀεὶ κατὰ ταὐτὰ ἐχούσης οὐσίας καὶ τῆς αὖ περὶ τὰ σώματα γιγνομένης μεριστῆς τρίτον ἐξ ἀμφοῖν ἐν μέσῳ συνεκεράσατο οὐσίας εἶδος, τῆσ τε ταὐτοῦ φύσεως [αὖ πέρι] καὶ τῆς τοῦ ἑτέρου, καὶ κατὰ ταὐτὰ συνέστησεν ἐν μέσῳ τοῦ τε ἀμεροῦς αὐτῶν καὶ κατὰ τὰ σώματα μεριστοῦ·

"Aus beiden, aus dem ungeteilten und aus sich seienden Sein und aus dem, was an den Körpern notwendiger Weise geteiltes Sein ist, mischte er (der Gott) eine dritte Art von Sein zusammen in der Mitte von der Natur des Selbigen und der des Anderen und stellte sie dann in die Mitte zwischen dem Unteilbaren und dem an den Körpern Teilbaren;"

Nun, die beiden Urstoffe erinnern uns an *"das Grenzenlose"* und *"das Grenzebildende"* und das Dritte an das, *"was beides zugleich ist"*, bei Philolaos.

Phase 2

καὶ τρία λαβὼν αὐτὰ ὄντα συνεκεράσατο εἰς μίαν πάντα ἰδέαν, τὴν θατέρου φύσιν δύσμεικτον οὖσαν εἰς ταὐτὸν συναρμόττων βίᾳ. Μειγνὺς δὲ μετὰ τῆς οὐσίας καὶ ἐκ τριῶν ποιησάμενος ἕν,

"und er nahm diese drei Seienden und mischte sie alle zu einer Form zusammen, indem er die Natur des Anderen, die sich nicht vermischen lassen wollte, gewaltsam mit dem Selbigen zusammenfügte. Nachdem er die Mischung mit dem Sein bewerkstelligt und aus Dreien Eins gemacht hatte,"

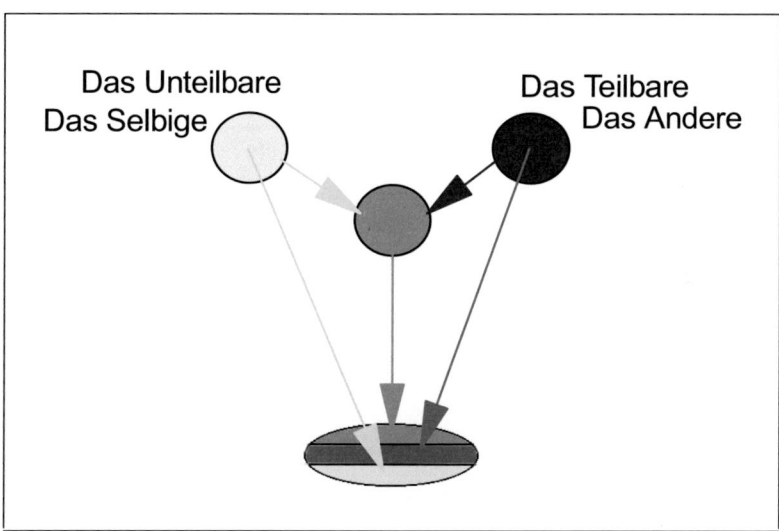

Das Unteilbare
Das Selbige

Das Teilbare
Das Andere

Das neue Zusammengemischte ist *"die Harmonie"* bei Philolaos (was sich im Wort συναρμόττων verdeutlicht!) und wird hier bei Platon zur Uridee der Zahl, die so im pythagoreischen Sinne der gesamten Welt, der Natur und allen Dingen zu Grunde liegt. Damit bekommt die Aussage Philolaos'

"Denn es ist nicht möglich, irgend etwas mit den Gedanken zu erfassen oder zu erkennen ohne diese (Zahl)"

eine ganz konkrete Bedeutung.

<u>Phase 3</u>

πάλιν ὅλον τοῦτο μοίρας ὅσας προσῆκεν διένειμεν, ἑκάστην δε ἔκ τε ταὐτοῦ καὶ θατέρου καὶ τῆς οὐσίας μεμειγμένην. Ἤρχετο δὲ διαιρεῖν ὧδε. Μίαν ἀφεῖλεν τὸ πρῶτον ἀπὸ παντὸς μοῖραν, μετὰ δὲ ταύτην ἀφῄρει διπλασίαν ταύτης, τὴν δ' αὖ τρίτην ἡμιολίαν μὲν τῆς δευτέρας, τριπλασίαν δὲ τῆς πρώτης, τετάρτην δὲ τῆς δευτέρας διπλῆν, πέμπτην δὲ τριπλῆν τῆς τρίτης, τὴν δ' ἕκτην τῆς πρώτης ὀκταπλασίαν, ἑβδόμην δ' ἑπτακαιεικοσιπλασίαν τῆς πρώτης·

"teilte er wieder dieses Ganze in so viele Teile, wie sie diesem zukamen, jeden aber so, dass er aus dem Selbigen und dem Anderen und der Substanz bestand. Er begann aber mit der Aufteilung wie folgt. Als erstes nahm er einen Teil vom Ganzen weg, danach das Doppelte von diesem, zum Dritten dann das Anderthalbfache des Zweiten, das Dreifache des Ersten, viertens das Doppelte des Zweiten, als Fünftes das Dreifache des Dritten, zum Sechsten das Achtfache des Ersten, zum Siebenten das Siebenundzwanzigfache des Ersten."

Stufe	Griech. Text	Übersetzung	Ergebnis
(1)	Μίαν μοῖραν ἀπὸ παντός	Einen Teil des Ganzen	1
(2)	Διπλασίαν ταύτης	Das Doppelte von diesem	2
(3a)	Τὴν ἡμιολίαν τῆς δευτέρας	Das Anderthalbfache des Zweiten ...	$\frac{3}{2} \cdot 2 = 3$
(3b)	Τριπλασίαν τῆς πρώτης	... gleichzeitig das Dreifache des Ersten	$3 \cdot 1 = 3$
(4)	Τῆς δευτέρας διπλῆν	Das Doppelte des Zweiten	$2 \cdot 2 = 4$
(5)	Τριπλῆν τῆσ τρίτης	Das Dreifache des Dritten	$3 \cdot 3 = 9$
(6)	Τὴν τῆς πρώτης ὀκταπλασίαν	Das Achtfache des Ersten	$8 \cdot 1 = 8$
(7)	ἑπτακαιεικοσιπλασίαν τῆς πρωτης	Das Siebenundzwanzigfache des Ersten	$27 \cdot 1 = 27$

In der Aufteilung des Ganzen, d.h. der Uridee der Zahl, zählen wir sieben Stufen, die die Basis des Schöpfungsprozesses (vergl. die 7 Tage auch in der Genesis der Bibel!) ist; dies ist gewiß kein Zufall, wie wir grundsätzlich bei einem derartigen Mythos, wie ihn Platon hier bringt, nicht von Zufällen sprechen sollten. Jede aufgeführte Größe hat ihre besondere Bedeutung im pythagoreischen Sinn. Was die Sieben angeht, so heißt es bei Philolaos [24]:

... τὸ ὑπ᾽ αὐτοῦ λεγόμενον φῶς ἐν ἑβδομάδι ...

das von ihm so genannte Licht in der Siebenzahl ...

Ohne dass also bei Platon an dieser Stelle das Licht eigens erwähnt wird, ist dem der pythagoreischen Lehre kundigen Hörer und Schüler Platons klar, dass hier auf den Lebensquell allen physischen und geistigen Lebens hingewiesen wird, auf das Licht.

Jetzt zu den Stufen:

(1) Die Erschaffung der Idee der 1 als Abbild des Selbigen, des Unteilbaren.

(2) Die Erschaffung der Idee der 2 als Abbild des Anderen, des Teilbaren.

(3) Die Erschaffung der Idee der 3, abgeleitet aus dem Abbild des Selbigen, nämlich der 1, und/oder dem Abbild des Anderen, der 2, die Abbildung der Harmonie, die Repräsentanz der Zahl an sich, mit der wir Menschen erst in das Vermögen gesetzt werden, Zahlen als solche zu verstehen und damit Erkenntnis zu gewinnen.

Die nächsten beiden Stufen basieren auf Quadratzahlen.

(4) Die Anwendung der Idee der 2 auf sich selber, aus dem Doppelten der eben erschaffenen 2 die Erschaffung der Idee der 4, von der Philolaos sagt [24]:

... δὲ μετὰ μαθηματικὸν μέγεθος τριχῆ διαστάν ἐν τετράρδι ...

die mathematische Ausdehnung nach drei Dimensionen kommt der Vierzahl zu ...

Die 4 also als der Vertreter des Raumes.

(5) Das Dreifache der eben erschaffenen 3, die Anwendung der Idee der 3 auf sich selber, d.h. die Möglichkeit der zahlenmäßigen Identifikation aller Dinge der Wirklichkeit. – Harmonie bei Philolaos!

Die beiden letzten Stufen basieren auf Kubikzahlen.

$8 = 1 \cdot (2^3)$

(6) Plato spricht nicht von der 8 als dem Doppelten der 4 oder dem Vierfachen der 2, sondern vom Achtfachen der $1:8 = 1 \cdot (2^3)$! Das kann doch nur bedeuten, dass der "Ausgangsstoff" zunächst das Selbige, Anfang und Urprinzip ist. Der weitere Anteil (2^3) kann danach die Bestimmung der Ausdehnung des Anderen in den 3 Dimensionen sein.

(7) Ähnliches müssen wir von der 27 sagen; Plato spricht nicht vom Dreifachen der 9 oder vom Neunfachen der 3, sondern vom Siebenundzwanzigfachen der 1: $27 = 1 \cdot (3^3)$! Wieder kann dies doch nur bedeuten, dass der primäre "Ausgangsstoff" das Selbige ist, und der Anteil (3^3) kann hier der Hinweis auf die 3 in den 3 Dimensionen, die zahlenmäßige Fassbarkeit des Raumes, sein.

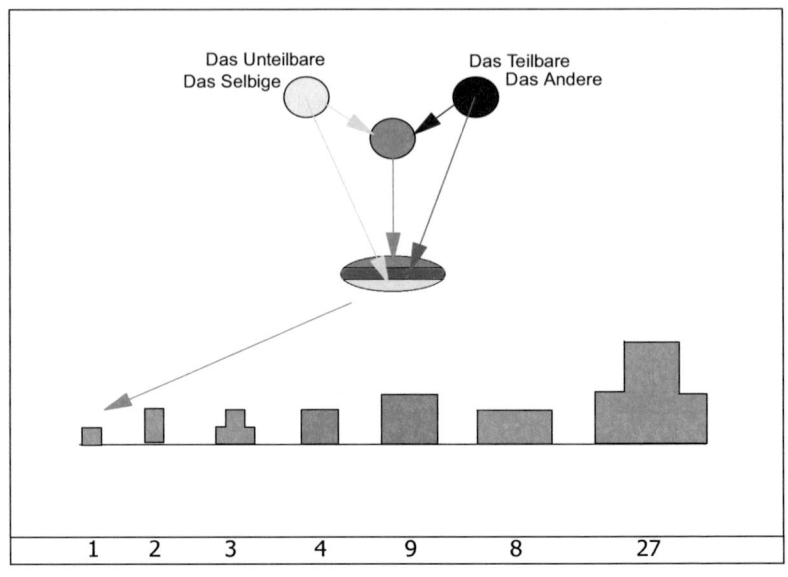

Phase 4

μετὰ δὲ ταῦτα συνεπληροῦτο τά τε διπλάσια καὶ τριπλάσια διαστήματα, μοίρας ἔτι ἐκεῖθεν ἀπότεμνων καὶ τιθεὶς εἰς τὸ μεταξὺ τούτων, ὥστε ἐν ἑκάστῳ διαστήματι δύο εἶναι μεσό- τητας, τὴν μὲν ταὐτῷ μέρει τῶν ἄκρων αὐτῶν ὑπερέχουσαν καὶ ὑπερεχομένην, τὴν δὲ ἴσῳ μὲν κατ' ἀριθμὸν ὑπερέχουσαν, ἴσῳ δὲ ὑπερεχομένην.

"danach füllte er sowohl die zweifachen als auch die dreifachen Zwischenräume aus, indem er von dort oben weitere Teile abtrennte und sie so zwischen diese setzte, dass in jedem Zwischenraum zwei Mittelglieder waren; das erste übertraf um denselben Teil der äußeren Glieder das eine Endglied, wie es seinerseits von dem anderen Endglied übertroffen wurde, das zweite aber war zahlenmäßig in gleicher Weise größer als das eine Endglied, wie es kleiner als das andere Endglied war."

(Es handelt sich hier offensichtlich um die harmonischen und arithmetischen Mittelwerte, die wir bei Archytas kennen gelernt haben.)

Bislang sprach Platon von Mengen, die der Demiourg von der Ursubstanz wegnahm; nun aber hören wir von Zwischenräumen, die dadurch entstanden sind. Das bedeutet, dass die Mengen entsprechend ihrer Größe auf einem fiktiven Zahlenstrahl angeordnet sind: Platon hat von einer reinen Mengenbetrachtung in

Phase 3 zu einer 1:1 – Darstellung von Mengen und Zahlen an dieser Stelle gewechselt.

Welche Zahlen sind hinzugekommen?

Platon spricht ausdrücklich von den *"zwei-"* und *"dreifachen"* Zwischenräumen. Er will damit m. E. die Berechnung der Mittelwerte mit den beiden Reihen 1-2-4 einerseits und 1-3-9 andererseits durchführen. (Natürlich ist die 8 das Zweifache der 4, und die 27 das Dreifache der 9, sie wurden aber in der ersten Aufzählung, in Phase 3, nicht als solche ausgewiesen!

	Arithmetisches Mittel	Harmonisches Mittel
Zweifache Zwischenräume		
1 – 2	3/2	4/3
2 – 4	3	8/3
Dreifache Zwischenräume		
1 – 3	2	3/2
3 – 9	6	9/2

2 und 3 existierten bereits, so dass nunmehr 3/2, 6, 4/3, 8/3 und 9/2 neu hinzugekommen sind. Dies sind zunächst einmal Zahlen, dann aber auch wieder Mengen!

Phase 5
==========

Ἡμιολίων δὲ διαστάσεων καὶ ἐπιτρίτων καὶ ἐπογδόων γενομένων ἐκ τούτων τῶν δεσμῶν ἐν ταῖς πρόσθεν διαστάσεσιν, τῷ τοῦ ἐπογδόου διαστήματι τὰ ἐπίτριτα πάντα συνεπληροῦτο, λείπων αὐτῶν ἑκάστου μόριον, τῆς τοῦ μορίου ταύτης διαστάσεως λειφθείσης ἀριθμοῦ πρὸς ἀριθμὸν ἐχούσης τοὺς ὅρους ἓξ καὶ πεντήκοντα καὶ διακοσίων πρὸς τρία καὶ τετταράκοντα καὶ διακόσια. Καὶ δὴ καὶ τὸ μειχθέν, ἐξ οὗ ταῦτα κατέτεμνεν, οὕτως ἤδη κατανηλώκει.

"Da nun aber Abstände von Anderthalbfachem sowie Vierdrittelfachem und Neunachtelfachem durch diese Verbindungsglieder in den früheren Zwischenräumen entstanden waren, füllte er mit dem Abstand des Neunachtelfachen alle Vierdrittelfachen aus und ließ dabei bei jedem von diesen einen Teil übrig, so dass der Abstand dieses Teiles, zahlenmäßig gesehen, zweihundert und drei und vierzig gegen zweihundert und sechs und fünfzig war. Und damit hatte er auch die Mischung, aus der er das alles genommen hatte, vollständig aufgebraucht."

Die hier definierten Abstände werden wieder als Mengen interpretiert, die der Demiourg, wie gehabt, von der Ursubstanz wegnimmt und zur Weltenseele fügt. Hierbei wird das Vierdrittelfache durch das Abstandtripel 9/8, 9/8, 243/256 ersetzt.

An dieser Stelle nun bekommen die Ausdrücke, die bei Philolaos zu so großen Missverständnissen geführt haben, nämlich συλλαβά, δι' ὀξειᾶν und δίεσις ihre eigentliche Bedeutung:

συλλαβά ist die *"Zusammenfassung"* der Zahlen 9/8, 9/8, 243/256, aber auch das *"Begreifen"*, das *"geistige Erfassen"*, das *"Verstehen der Natur"*;

δι' ὀξειᾶν ist das *"darüber hinaus Gehende"*, *"bis zur Spitze sich Erstreckende"*, aber auch das *"über die Natur Hinausgehende"*, das *"Metaphysische"* und das *"Psychische"*;

δίεσις ist das *"über den Zahlenstrahl Hindurchgehende"*, das *"in den Vierdrittelfachen Vorkommende"*, aber auch das *"durch die Natur Hindurch-Schimmernde"*, die *"Ahnung von den Dingen dahinter"*.

Nehmen wir noch den nächsten Satz von Platon mit!

Ταύτην οὖν τὴν σύστασιν πᾶσαν διπλῆν κατὰ μῆκος σχίσας, μέσηνπρός μέσην ἑκατέραν ἀλλήλαις οἷον χεῖ προσβαλὼν κατέκαμψεν εἰς ἓν κύκλῳ, συνάψας αὐταῖς τε καὶ ἀλλήλαις ἐν τῷ καταντικρὺ τῆς προσβολῆς, καὶ τῇ κατὰ ταὐτὰ ἐν ταὐτᾷ ἐν ταὐτῷ περιαγομένῃ κινήσει πέριξ αὐτὰς ἔλαβεν, καὶ τὸν μὲν ἔξω, τὸν δ' ἐντὸς ἐποιεῖτο τῶν κύκλων. ...

"Dies ganze so zusammengefügte Gebilde aber spaltete er der Länge nach in zwei Teile, verband dieselben kreuzweise in ihrer Mitte, so dass sie die Gestalt eines Chi (X) bildeten, und bog dann jeden von beiden in einen Kreis zusammen, so dass er also jeden mit sich selbst und beide miteinander in dem Punkte, welcher ihrer Durchschneidung gegenüberlag, verknüpfte, umschloss beide mit der auf dieselbe Weise und in demselben Raume herumgeführten Bewegung, und machte den einen dieser Kreise zum äußeren und den andern zum inneren."

Bestechend ist hier das Vorkommen des Buchstabens X (= *Chi*)! Warum nimmt Platon diesen Buchstaben, um einen Sachverhalt zu beschreiben, der auch ohne diesen Buchstaben klar und deutlich ist? Hier steckt m. E. eine der geheimen Botschaften, die bei Platon gar nicht so selten sind, an den Leser und an seine Schüler. Das X als Hinweis auf χρῶμα = Licht: das Licht als Sinnbild des Lebens, als Metapher der Weltenseele!

Der betrachtete Text aus Timaios hat nun überhaupt nichts mit Musiktheorie oder einer Tonleiter zu tun. Dem widerspricht auch nicht die Geschichte der Sphärenmusik, die Platon anschließend bringt. Sie ist zweitrangig gegenüber der Ontogenese aufgrund von Zahlenkonstruktionen im pythagoreischen Sinne. Platon vertieft den Blick, den Philolaos wohl hatte, den dieser aber noch nicht in Worte fassen konnte.

In der Schrift *Über die Seele* greift Aristoteles auf die zitierte Stelle des Timaios zurück:

> *"Timaios erklärt naturphilosophisch, dass die Seele den Körper bewegt ... Sie bestehe aus den Elementen und sei nach den harmonischen Zahlen geteilt. Damit sie eine angeborene Wahrnehmung der Harmonie besitze, und das All sich in zusammenklingenden Bewegungen bewege, bog er (= der Demiourg) die gerade Richtung zu einem Kreis ..."* [7].

Aristoteles setzt sich nun kritisch mit diesem Gedanken Platons auseinander. Hierbei fällt kein Wort von einer musikalischen Tonleiter! Aristoteles wendet sich gegen die Denker, die zwar sagen,

> *"wie die Seele beschaffen ist, nicht aber Bestimmungen über den Körper, der sie aufnehmen soll, geben."*

Weiterhin werden auch diejenigen kritisiert, die lehren,

> *" ... dass die Seele eine gewisse Harmonie sei; denn die Harmonie sei eine Mischung und Zusammenfügung von Gegensätzlichem, und der Körper sei aus Gegensätzlichem zusammengesetzt. Gleichwohl, wenn auch die Harmonie ein gewisses rationales Verhältnis der gemischten (gegensätzlichen) Elemente oder eine Zusammensetzung ist, kann doch die Seele keines von beiden sein ..."*

Und zur Harmonie sagt Aristoteles schließlich:

> *"Es passt besser, bei der Gesundheit von Harmonie zu sprechen, und überhaupt bei den besten Verfassungen des Körpers, als bei der Seele."* –

Eindeutiger kann nun kein Beweis dafür sein, dass Platon im Timaios von der durch Zahlen begründeten Seele und Harmonie gesprochen hat, und weder eine Begründung der Musik im allgemeinen noch einer Tonleiter im besonderen im Auge hatte!

Schluss

Zu den von Nikomachos und Aristides Quintilianus zitierten "Älteren" ist zu sagen, dass ich nur zwei Stellen bei Diels gefunden habe, in der die fraglichen Begriffe vorkommen; das ist erstens die besagte Philolaos-Stelle und zweitens eine Stelle in der Sammlung von Herakleitos-Fragmenten unter *"Imitation"*, die dem Hippokrates zugeschrieben werden.

1. Hippokrates

Dort heißt es:

... Χώρην δὲ ἀμείψαντα καὶ τυχόντα ἁρμονίης ὀρθῆς, ἐχούσης συμφωνίας τρεῖς, συλλαβήν, δι' ὀξεῶν, διαπασέων, ζώει καὶ αὔξεται τοῖσιν αὐτοῖσιν οἷσίπερ καὶ πρόσθεν. Ἠν δὲ μὴ τυχήι τῆς ἁρμονίης μηδὲ σύμφωνα τὰ βαρέα τοῖσιν ὀξέσι γένηται ἐν τῆι πρώτηι συμφωνίηι ἢ τῆι δευτερήι ἢ τῆι διὰ παντός, ἑνὸς ἀπογενομένου πᾶς ὁ τόνος μάταιος· οὐ γάρ ἂν προσαείσαι· ἀλλ' ἀμείβει ἐκ τοῦ μέζονος ἐς τὸ μεῖον πρὸ μοίρης, διότι οὐ γινώσκουσιν, ὅτι ποιοῦσιν. [47].

Dieser Ausschnitt ist aus dem 1. Buch *Περὶ διαίτης*, was mit *Die Lebensordnung* [47], mit *Die Regelung der Lebensweise* [45] oder wörtlich mit *Von der Diät* [46] übersetzt worden ist.

Über Diät hatten im Altertum sich bereits viele Autoren ausgelassen, und jeder glaubte, den Schlüssel zu einem gesunden Leben gefunden zu haben – welch interessante Parallele zur heutigen Zeit! Allerdings war der Diätbegriff ein wenig umfassender als der heutige: Diät bedeutete nicht nur Ernährung, sondern auch Behandlung durch Baden, körperliche Bewegung und sportliche Übungen.

In dem Kapitel, dem die oben angegebene Stelle entnommen ist, geht es darum: Die Lebensweise des Menschen beeinflusst seine Psyche und seinen Körper. Mit der Aufnahme der Nahrungsstoffe und deren späterer Ausscheidung entwickelt sich der Mensch, und Gesundheit besteht dann, wenn die nützlichen Teile sich im Körper ablagern und die schädlichen abgestoßen werden: Gesundheit ist Harmonie!

In diesem Rahmen tritt die oben zitierte Stelle auf. Sie lautet in der Übersetzung von Kapferer [47]:

> *"Wenn (die Teile) ihren Platz wechseln und dabei die richtige Harmonie finden – diese hat drei Akkorde (Zusammenklänge), die Quarte, die Quinte und die Oktave –, so leben sie weiter und wachsen durch dieselben Teile wie vorher."*

Wenn sie (die Teile bzw. Töne) die Harmonie aber nicht finden und wenn die tiefen mit den hohen nicht zusammen klingen, so ist beim ersten Akkord, beim zweiten oder bei dem, der sich über alle Töne erstreckt, die ganze Stimmung falsch, wenn (auch nur) ein einziger daneben gerät, denn es gibt keinen Zusammenklang, sondern es erfolgt ein Wechsel vom Größeren zum Kleineren, bevor es sein sollte, weil sie nicht erkennen, was sie tun."

(Auch die französische [44] und die englische Übersetzung [43] sprechen in diesem Zusammenhang von Parametern der Musik.)

Zur Echtheit und Zeitbestimmung der Entstehung dieser Schrift ist allgemein anerkannt, dass sie nicht Hippokrates zuzuschreiben ist. Kapferer:

"Obwohl diese Schrift schon der antiken Welt nicht als ein Werk des Hippokrates und auch nicht als ein solches aus seiner Schule gilt, genoss sie doch großes Ansehen vor anderen Werken der Diätliteratur." [47].

Und W. Capelle sagt:

"Dass diese (Schriften des Corpus Hippocratum) *nicht alle von demselben Verfasser sind, liegt ... auf der Hand, weil hier Autoren ganz verschiedener Art, in ganz verschiedenem Stil sprechen, deren Ansichten vielfach stark voneinander abweichen oder von anderen Autoren der Sammlung scharf bekämpft werden ..."* [46].

Er meint, dass die ältesten Bücher im Perikleischen Zeitalter, um 430 v. Chr., die jüngsten zur Zeit Philipp v. Makedonien, im 2. Drittel des 4. Jh. also, entstanden sein müssten. D. h. der Entstehungszeitraum wird zwischen 430 und 350 v. Chr. angesetzt.

Zum Text: Sollte der griechische Autor dabei wirklich eine Parallele von Gesundheit des Menschen zur musikalischen Harmonie gesehen haben, wie die offiziellen Übersetzungen es vertreten, dann könnten wir hier den Autor oder die Stelle sehen, die Philolaos' Text als erste musikalisch interpretierte. Es kann ja sein, dass der Autor die Philolaos-Aussage kannte und sie so verstanden hat. Von hier aus mag diese musikalische Interpretation das Denken, Übersetzen und Interpretieren des Nikomachos und Aristides Quintilianus und damit das in den kommenden Jahrhunderten bestimmt haben: συλλαβή = die Quarte, δι' ὀξειῶν = Quinte und διὰ πασεῶν = die Oktave bei den Alten! – Das passt nämlich für sich alles fein zusammen.

Nur – dabei wird die medizinische Aussage unklar und sogar dubios. Die Parallele zur Harmonie ist noch einzusehen; was aber bedeuten deren drei Bestandteile für die Medizin?

Zur Beantwortung dieser Frage versuchen wir auch hier eine wörtliche Übersetzung; sie bringt eine überraschende Erkenntnis:

> "... *Wenn die Zellen* (Übersetzung im Französischen [44]) *im Platzwechsel die richtige Harmonie treffen, die drei Übereinstimmungen hat, in der Zusammenfassung, in dem Übergreifenden und dem Ganzen, dann leben sie fort und wachsen durch dieselben Teile wie vorher.*
>
> *Wenn sie aber die Harmonie nicht treffen, und sich die schwerfälligen und schnellen Teile nicht abstimmen, dann geschieht es, dass in der ersten Übereinstimmung, in der zweiten oder in der vom Ganzen, falls auch nur ein Teil nicht beteiligt ist, der gesamte Kraftaufwand unnütz ist..."*

Diese *"drei Übereinstimmungen"* ergeben nun tatsächlich einen medizinischen Sinn: die *Zusammenfassung* ist die Zusammenfassung von Zellen zu z. B. einem Glied, sagen wir zu einem Fingerglied. Das *Übergreifende* ist das Zusammenspiel von Gliedern, sagen wir von Fingern zur Hand, von der Hand zum Arm etc., und die *Übereinstimmung im Ganzen* ist das Zusammenspiel aller Glieder im gesamten Körper des Menschen. Wenn alle Zellen, alle Glieder, alle Organe, kurz alle Teile des Körpers exakt aufeinander abgestimmt sind, dann ist das Gesundheit, dann ist das Harmonie! –

Ich sehe hierin eine phänomenale Vorwegnahme unseres modernen Systembegriffes, angewendet auf den Körper des Menschen!

2. Problemata Physica

Bei der Suche nach den alten Benennungen von Quarte, Quinte und Oktave dürfen wir die *Problemata Physica* von Aristoteles nicht übergehen. Dort gibt es das Kapitel XIX, ὅσα περὶ ἁρμονίαν - *Was die Harmonie betrifft* [17]. Diese Schrift nennt C. Stumpf *"die in musikpsychologischer Hinsicht bedeutendste Schrift des ganzen Altertums"* [86].

Hier finden wir die griechischen Bezeichnungen für Quarte, Quinte und Oktave; sie lauten διὰ τεττάρων (attisch für τεσσάρων), διὰ πέντε bzw. διὰ πασῶν [17].

In §§ 34 – ähnlich 41 – kommen noch die Doppelquarte und Doppelquinte vor, für die im griechischen Text δὶς διὰ τεττάρων und δὶς δι' ὀξειῶν stehen.

Und das ist die einzige Stelle innerhalb des pseudoaristotelischen Harmonie-Kapitels, in der δι' ὀξειῶν als *"altertümlicher Ausdruck"* zu finden ist.

Das gemeinsame Auftreten der beiden Begriffe δι' ὀξειῶν und διὰ τεττάρων und die anschließende proportionale Sicht von Quinte und Quarte legen nahe, dass tatsächlich die Doppelquinte gemeint ist. Sinn könnte es machen, δι' ὀξειῶν nun mit *"über die Spitze (nämlich über die Oktave) hinaus"* zu übersetzen. Es ist dann aber wieder nicht zu verstehen, dass es *"zweimal über die Spitze hinaus"* heißen würde und dass überhaupt bei der Doppelquarte nicht der *"altertümliche Ausdruck"* genommen wurde!

Die Gründe für diese verschiedenen und inkonsequenten Bezeichnungen kann ich nur darin sehen, dass sich genau hier – wie auch an anderen Stellen der *Problemata* – die Handschrift unterschiedlicher Autoren und unterschiedlicher Epochen zeigt. Es ist allgemein anerkannt, dass die *Problemata Physica* nicht von Aristoteles, sondern aus späterer Zeit stammen. Der Grundbestand des Werkes wird von Flashar auf die Mitte des 3. Jh. v. Chr. datiert, wobei kleinere Nachträge aus noch späterer Zeit möglich seien [16]. Stumpf setzt ihre Entstehung sogar erst im ersten oder zweiten nachchristlichen Jahrhundert an [86]!

Das alles führt uns zu der Erkenntnis, dass diese Sammlung kein verlässliches Werk zum Nachweis der *"altertümlichen"* Begriffe ist!

3. Der Begriff συλλαβά

Einige Stellen Aristotelischer und Platonischer Schriften mögen nun die Verwendung des Begriffes der συλλαβά bzw. συλλαβή belegen. Zunächst ein paar bezeichnende Stellen bei Aristoteles.

(a) In einer Stelle heißt es [11, 1087]:

τὸ ὁ ἓν ὅτι μέτρον σημαίνει, φανερόν. καὶ ἐν παντί ἐστί τι ἕτερον ὑποκείμενον, οἷον ... ἐν δὲ ῥυθμοῖς βάσις ἡ συλλαβή ...

"Dass aber das Eine ein Maß bezeichnet, ist klar, und in jedem Falle ist das etwas anderes, was dem zu Grunde liegt, z. B. ... in den Rhythmen der Versfuß oder die Silbe ..."

Da macht nun die Übersetzung mit *"Quarte"* sicher keinen Sinn!

(b) In [11, 1093 a] steht:

... ἐπεὶ μὲν φωνήεντα, ἑπτὰ δὲ δὲ χορδαὶ ἡ ἁρμονίαι, ἑπτὰ δὲ αἱ πλειάδες, ἐν ἑπτὰ δὲ ὀδόντας βάλλει - ἐνιά γε, ἔνια δ᾽ οὔ ἑπτὰ δὲ οἱ ἐπὶ Θήβας ...

" ... *sieben sind der Vokabel, sieben Saiten bilden die Harmonien, sieben Plejaden gibt es, mit sieben Jahren wechseln die Lebewesen ihre Zähne – einige nämlich, andere aber nicht – sieben sind der Kämpfer gegen Theben ...*" (Übersetzung von H. Bonitz [10]).

„... *sieben Saiten bilden die Harmonien* ..." ist wieder eine inkorrekte, um nicht zu sagen manipulierende Übersetzung; es heißt vielmehr " ... *sieben Bänder oder sieben Harmonien* ...", und das bedeutet sicherlich etwas anderes. Aristoteles sagt im Zusammenhang der Bevorzugung der Zahl sieben durch die Pythagoreer, man habe deshalb *sieben Bänder* (vielleicht ja auch *Saiten*?) und auch sieben Harmonien definiert.

Wir müssen uns fragen, ob die erwähnten Bänder nicht die Farbbänder des Regenbogens sind! In der Bonitz'schen Übersetzung aber ist impliziert, dass erstens sieben *Saiten* gemeint sind, die zweitens *Harmonien* bestimmen, dass also die Harmonien musikalischer Natur sind!

(c) An einer anderen Stelle heißt es [11, 1093 b]:

Λέγουσι δέ τινες ὅτι πολλὰ τοιαῦτα, οἷον αἱ τε μέσαι ἡ μὲν ἐννέα ἥδε ὀκτώ, καὶ τὸ ἔπος δεκαεπτά, ἐσάριθμον τούτοις· βαίνεται δ᾽ ἐνμὲν τῶι δεξιῶι ἐννέα συλλαβεῖς, ἐν δὲ τῶι ἀριστερῶι ὀκτω ...

"*Manche stellen noch viel anderes der Art auf: z. B. von den mittleren Saiten habe die eine neun, die andere acht Teile, und ebenso der epische Vers siebzehn Teile in gleicher Anzahl mit diesen; er schreitet aber in seinem rechten Teil mit neun, in seinem linken Teil mit acht Silben. ...*"
(Übersetzung von H. Bonitz [10].)

Abgesehen davon, dass wiederum in dem Text nichts von *Saiten* steht, kann man hier bei συλλαβεῖς auch wieder nicht von *Quarten* sprechen!

Und nun noch eine typische Platon-Stelle.

(c) In seiner Rede zu Hippias sagt Sokrates:

Ἀλλὰ δῆτα ἐκεῖνα ἃ σὺ ἀκριβέστατα ἐπίστασαι ἀνθρώπων διαρεῖν, πέρτε γραμμάτωον δυνάμεως καὶ συλλαβῶν καὶ ῥυθμῶν καὶ ἁρμονιῶν;

Apelt übersetzt:

> *„Aber gewiss werden sie gerne einen Vortrag hören über das Gebiet, über das du genauer als alle andern Bescheid weißt, über Bedeutung der Buchstaben und Silben und Rhythmen und Harmonien?"* [65]

In einer von Plutarchs Tischreden kommt Aristoxenos auf den gesuchten Begriff zu sprechen.

(d)
ἀεὶ γὰρ ἀναγκαῖον τρία ἐλάχιστα εἶναι τὰ πίπτοντα ἅμα εἰς τὴν ἀκοήν, φθόγγον τε καὶ χρόνον καὶ συλλαβὴν ἢ γράμμα.

> *„Denn immer sind es mindestens drei Dinge, die gleichzeitig auf unser Ohr treffen müssen, Ton, Zeitdauer und Silbe oder Buchstabe."* [20]

Bei diesen Textstellen mit συλλαβή und sogar in einer vom großen Musiktheoretiker Aristoxenos überlieferten, geht es um die Silbe, und man kann überhaupt nicht von *Quarte* sprechen.

Wir finden also kein Zeugnis aus alter Zeit für die Verwendung von δι᾽ ὀξεῶν oder συλλαβή im musiktheoretischen Sinn!

Hippokrates, Platon, Aristoteles und Plutarch seien damit die zuletzt von mir aufgerufenen Autoren, die Zeugnis abgeben für eine sehr oberflächliche und irreführende Interpretation und Übersetzung bestimmter Begriffe, wie z. B. Harmonie, Quinte und Quarte. Im Laufe der Jahrhunderte wurde damit den Pythagoreern und ihrem großen Meister Pythagoras eine musiktheoretische Kompetenz und Urheberschaft zugewiesen, die diesen nicht zukommt und die diese gar nicht anstrebten.

Die Philosophie der Pythagoreer mit der zentralen Idee der Zahl ist verankert in der Ontologie und Erkenntnistheorie, wie sie Philolaos formuliert und Platon bestätigt und vertieft hat:

> *Das Licht ist die Voraussetzung des Seins selbst, alles Seienden und deren kognitiven Erfahrung durch den Menschen. Der Regenbogen mit seinen Farben ist aber das Abbild des Lichtes, das wir damit zahlenmäßig erfassen können!*

Diese „Farbenlehre" der Pythagoreer wurde hier mit vier Thesen abgeleitet und stellt die konventionelle „pythagoreische Musiklehre" in Frage.

Zeittafel

	Homer	um 750 – 650	
700 v.Chr.	Hesiod		
600	Pythagoras	570 – 480	Zeitgenosse von **Konfuzius**, **Laotse, Buddha**
	Anaximenes	um 585 – 526	
500	Hippasos		
	Herakleitos		
		490	**Schlacht bei Marathon**
		500 – 429	**Perikles**
	Euripides	480 – 407	
	Philolaos	470 – 390	
	Theodoros	465 – 399	Lehrer Platons
	Hippokrates	460 – 370	Schüler Herakleitos'
	Archytas	430 – 345	
	Platon	428 – 348	
	Theaitetos	415 – 369	
	Speusippos	408 – 339	Schüler Platons
400	Eudoxos	408 – 355	
	Xenokrates	398 – 314	
	Aristoteles	384 – 322	
	Herakleides	388 – 315	
		382 – 336	**Philipp v. Makedonien**
	Aristoxenos	360 – 300	
		356 – 323	**Alexander d. Große**
	Dikaiarchos	326 – 296 floruit	
	Aratos von Soloi	315 – 245	
	Kallimachos	310 – 240	
300	Euklid		
	Aristot. Problem.	250	
200	Hipparchos	190 – 125	
100 v. Chr.	Philodem	110 – 40	
	Aetios		
	Vitruv		

	Plutarch	46 – 125	
100 n. Chr.	Nikomachos		
	Theon von Smyrna		
	Ptolemaios	100 – 170	
200	Diogenes Laertius	200 – 250 floruit	
	Porphyrios	234 – 304	
	Jamblichos	250 – 330	
300	Aristides Quint.		

		453 – 526	**Theoderich**
400	Boetius	480 – 524	

Die exakten Zeitangaben differieren in der Literatur; sie sind naturgemäß z. T., wenn überhaupt, nur mit größten Schwierigkeiten festzulegen. Auch die oben angegebenen Daten beanspruchen keine unumstößliche Richtigkeit. Sie dienen lediglich dazu, die Stellung der zitierten Personen oder Ereignisse im historischen Ablauf aufzuzeigen.

Literaturverzeichnis

[1] **Abert, Hermann:** Die Lehre vom Ethos in der griechischen Musik. Breitkopf & Härtel, Leipzig 1899

[2] **Ahlvers, Arthur:** Zahl und Klang bei Platon. Interpretationsversuche zur Hochzeitszahl im "Staat" und zu der Tonleiter und den regulären Polyedern im "Timaios". Paul, Bern 1952

[3] **Aischylos:** Prometheus, gefesselt (übertragen von Peter Handke). Suhrkamp, Frankfurt 1986

[4] **Albert, Karl:** Griechische Religion und Platonische Philosophie. Meiner, Hamburg 1980

Aristeides Quintilianus

[5] Harmonik (griechisch, Hrsg. R. Schäfke). Schneider, Tutzing 1976

[6] Von der Musik (Übers. Rudolf Schäfke). Hesses, Berlin 1937

Aristoteles:

[7] De anima (Übers. Willy Theiler). Akademie, Berlin 1986

[8] De Caelo (Übers. Olof Gigon). DTB, MUnchen 1983

[9] De sensu (griechisch und englisch, by G. R. T. Ross). University Press Cambridge 1906. Reprint Arno Press New York 1973

[10] Metaphysik (Übers. Hermann Bonitz). Meiner, Hamburg 1995

[11] Metaphysik (griechisch-deutsch, Übers. Hermann Bonitz). Meiner, Hamburg 1980/1989

[12] Metaphysik (Übers. Thomas Alexander Szlezák). Akademie-Verlag Berlin 2003

[13] Meteorologie / Über die Welt (Übers. Strohm). Akademie, Berlin 1979

[14] Politik (Übers. Susemihl). Rowohlt 1968

[15] Politik (Übers. Rolfes). Meiner, Hamburg 1995

[16] Problemata Physica (Übers. Hellmut Flashar). Akademie, Berlin 1983

[17] Problemata physica (griechisch, Hrsg. C. A. Ruelle). Teubner, Leipzig 1922

[18] Topic (Übers. Eugen Rolfes). Felix Meiner, Hamburg 1995

Aristoxenos

[19] Aristoxeni Elementa Harmonika (griechisch). Typis Publicae Officinale Polygraphicae, Rom 1954

[20] Aristoxenos von Tarent: Melik und Rhythmik des classischen Hellenentums (kommentiert und übersetzt v. R. Westphal), Bd. I und II. Olms, Hildesheim 1965

[21] **Atrium musicae/Paniagua:** Musique de la Grece Antique

[22] **Baumgartner, Alfred:** Der große Musikführer, Alte Musik. Kiesel, Salzburg 1981

[23] **Bergs, Emil:** Die Vorsokratiker (griechisch/deutsch). Aschendorff, Münster 1971

[24] **Boeckh, August:** Philolaos. Voss, Berlin 1819

Boetius (Ed. Paul Oskar)

[25] Fünf Bücher über die Musik. Olms, Hildesheim 1985 (Nachdruck von 1872)

[26] **Capelle, Wilhelm:** Die Vorsokratiker. 1935

[27] **DeCrescenso, Luciano:** Geschichte der griechischen Philosophie – Die Vorsokratiker. Diogenes, Zürich 1985

[28] **Descartes, René:** Musicae Compendium (lateinisch/deutsch). Wiss. Buchgesellschaft, Darmstadt 1978

[29] **Diederichs, Ulf:** Germanische Götterlehre. Diederichs, München 1997

[30] **Diels, Hermann:** Die Fragmente der Vorsokratiker, Bd 1 – 3. Weidmann, 1985

[31] **Diels, Hermann:** Die Fragmente der Vorsokratiker. Rowohlt Reinbeck 1957

[32] **Diogenes Laertios:** Leben und Lehre der Philosophen. Reclam, Stuttgart 1998

[33] **Eckstein, Franz:** Abriss der griechischen Philosophie. Hirschgraben, Frankfurt/M 1974

[34] **Frank, Erich:** Plato und die sogenannten Pythagoreer. Niemeyer, Tübingen 1962

[35] **Friedländer, Paul:** Platon, Die Platonischen Schriften, Bd. 3. de Gruyter, Berlin/ New York 1975

[36] **Gage, John:** Kulturgeschichte der Farbe von der Antike bis zur Gegenwart. Ravensburg 1994

[37] **Gemoll, Wilhelm:** Griechisch-Deutsches Schul- und Handwörterbuch. Oldenbourg, München 1997

[38] **Geyer, Carl-Friedrich:** Die Vorsokratiker. Junius, Hamburg 1995

[39] **Gloy, Karen:** Studien zur platonischen Naturphilosophie im Timaios. Königshausen + Neumann, Würzburg 1986

[40] **Golther, Wolfgang:** Handbuch der Germanischen Mythologie. Fourier, Wiesbaden 2003

[41] **Haase, Rudolf:** Geschichte des harmonikalen Pythagoreismus. Lafite 1969

[42] **Hesiod:** Sämtliche Gedichte (Übers. Walter Marg). Artemis, Zürich/München 1984

Hippokrates

[43] Hippocrates: Regimen. (Übers. Von W. H. S. Jones). Harvard University Press 1967

[44] Hippokrate: Du Régime. (Übers. Von Robert Joly). Paris 1967

[45] Hippokrates Schriften. Übersetzung und Einleitung v. Hans Diller. Rowohlt Hamburg 1962

[46] Hippokrates. Einleitung und Übersetzung v. Wilhelm Capelle. Artemis Zürich 1955

[47] Sitten- und Standeslehre für Ärzte. Eine Auswahl hippokratischer Schriften. (Übersetzung und Kommentare von Richard Kapferer). Hippokrates-Verlag, Stuttgart/Leipzig 1933

[48] **Hlawka, Edmund:** Gleichverteilung und Quadratwurzelschnecke *in:* Monatshefte für Mathematik. Springer 1980

[49] **Hogben, Lancelot:** Mathematik für alle. Parkland Köln 2001

[50] **Homer:** Ilias (griech.-deutsch, Übers. Joh. Heinrich Voss). Deutsche Buchgemeinschaft Berlin/Darmstadt 1966

[51] **Kafka, Gustav:** Die Vorsokratiker. Reinhardt, München 1921

[52] **Kirk, G.S. / Raven, J.E. / Schofield, M.:** Die vorsokratischen Philosophen. Metzler, Stuttgart/Weimar 1994

[53] **Klein, Jacob:** Die griechische Logistik und die Entstehung der Algebra *in:* Um die Begriffswelt der Vorsokratiker. Darmstadt 1968

[54] **Kordos, Marek:** Streifzüge durch die Mathematikgeschichte. Klett, Stuttgart 1999

[55] **Küppers, Harald:** Harmonielehre der Farben. DuMont, Köln 2000

[56] **Lehmann, Johannes:** So rechneten Ägypter und Babylonier. Uranus, Berlin 1994

[57] **Lehmann, Johannes:** So rechneten Griechen und Römer. Uranus, Berlin 1994

[58] **Lohmann, Johannes:** Musiké und Logos. Musikwissenschftliche Verlags GmbH, Stuttgart 1970

[59] **Leonardo da Vinci:** Trattato della Pintura. In: Das Buch von der Malerei. Hrsg. VonHeinrich Ludwig. Wien 1882

[60] **Mansfeld, Jaap:** Die Vorsokratiker I (griechisch/deutsch). Reclam, Stuttgart 1983

[61] **Matthaei, Rupprecht:** Goethes Farbenlehre. Maier, Ravensberg 1987

[62] **Neubecker, Annemarie Jeanette:** Altgriechische Musik. Wiss. Buchgesellschaft, Darmstadt 1977

[63] **Peiffer, J./ Dahan-Dalmedico, A.**: Wege und Irrwege – Eine Geschichte der Mathematik. Birkhäuser, Basel 1994

Platon

[64] Gesetze (Übers. Otto Apelt) Meiner, Leipzig 1993.

[65] Hippias Major (Übers. Otto Apelt). Meiner, Leipzig 1993

[66] Hippias Major (Übers. Ludwig Georgii). Schneider, Heidelberg 1982

[67] Phaidon (Übers. Otto Apelt). Meiner, Leipzig 1993

[68] Phaidon (Übers. Olof Gigon). Artemis, Zürich/München 1974

[69] Phaidon (Übers. Rudolf Kassner) in Platon, Gastmahl/Phaidon/ Phaidros. VMA, Wiesbaden 1959

[70] Phaidon (Übers. Rudolf Rufener). Albatros, Düsseldorf 2005

[71] Phaidon (Übers. Friedr Schleiermacher). Schneider, Heidelberg 1982

[72] Protagoras (Übers. Franz Susemihl). Schneider, Heidelberg 1982

[73] Philebos (Übers. Otto Apelt). Meiner, Leipzig 1993

[74] Theaitetos (Übers. Otto Apelt). Meiner, Leipzig 1993

[75] Timaios (Übers. Otto Apelt). Meiner, Leipzig 1993

[76] Timaios (griechisch-deutsch; Übers. Friedr. Schleiermacher u.a.). Insel, Frankfurt/M 1991

Ptolemaios und Porphyrios (Ed. Ingemar Düring)

[77] Die Harmonielehre des Klaudios Ptolemaios. Olms, Hildesheim 1982 (Nachdruck von 1930)

[78] Ptolemaios und Porphyrios über die Musik. Olms, Hildesheim 1987 (Nachdruck von 1934)

[79] **Raum, B./Schmidt, G-D. (Hsg):** Licht und Farben. Duden Paetec Schulbuchverlag, Berlin, Frankfurt/M 2006

[80] **Ricken, Friedo (ed.):** Philosophen der Antike I. Kohlhammer, Stuttgart 1996

[81] **Rose, Herbert J.:** Griechische Mythologie. Beck, München 1997

[82] **Sachs, Curt:** Musik des Altertums. Hirt, Breslau 1924

[83] **Schrödinger, Erwin:** Die Natur und die Griechen. Rowohlt, Hamburg 1956

[84] **Schwarz, Andreas:** Die Lehren von der Farbenharmonie. Muster-Schmidt, Göttingen/Zürich 1999

[85] **Schwarzer, Yvonne:** Die Farbenlehre Goethes. Westerweide, Witten 1999

[86] **Stumpf, G.:** Die pseudo-aristotelischen Probleme über Musik. Abhandl. d. preuss. Akademie d. Wiss.. Berlin 1896

[87] **Theon Smyrnaeus:** Expositio rerum mathematicorum (griech. Hrsg. E. Hiller). Teubner, Stuttgart/Leipzig 1995

[88] **Van der Waerden, B.L.:** Die Pythagoreer. Artemis, Zürich/München 1979

[89] **Weber, Franz-Josef:** Fragmente der Vorsokratiker. Schönigh, Paderborn 1988

[90] **Zajonc, Arthur:** Die gemeinsame Geschichte von Licht und Bewusstsein. Rowohlt 1994

---

[91] **MATHTYPE4** – Der mathematische Formeleditor für Windows. Design Science, inc.. **www.mathtype.com**

[92] **SPIONIC** – Altgriechische Schrifttype. Download über z.B. **http://greek.co.uk/ntg/spionic.asp**

Der disserta Verlag bietet die kostenlose Publikation
Ihrer Dissertation als hochwertige
Hardcover- oder Paperback-Ausgabe.

Fachautoren bietet der disserta Verlag
die kostenlose Veröffentlichung professioneller Fachbücher.

Der disserta Verlag ist Partner für die Veröffentlichung
von Schriftenreihen aus Hochschule und Wissenschaft.

Weitere Informationen auf www.disserta-verlag.de